1948年・文部省『保育要領
―幼児教育の手びき―』を読む

荒井洌 著

新読書社

もくじ

プロローグ　『保育要領』へのいざない

江戸時代という封建社会が終わりを告げ、現代に続く新しい政治体制が成立してから、１５０年あまりの年月が経過した。

この期間を展望してみると、アジア・太平洋戦争が激烈となり終結に至った１９４５年あたりが、ちょうど中ごろということになろうか。

この１５０年をこのような時間幅で眺めてみると、幼児保育の面にあって最も注目すべきものと言えば、終戦後ほどなくに検討され発表された『保育要領――幼児教育の手びき――』（文部省・１９４８年３月）ではないかと思うのだが、どうだろうか。しぜんな筆のタッチであり内容でありながら、そのしぜんな感覚がさわやかに光り輝いているからだ。それまでには見られなかったさわやかさである。

そのころの時代風潮といえば、わが日本にあってはずっと身を潜《ひそ》めていたデモクラシー的センスが、ここぞとばかり見事に花ひらいたことである。

加えて、デモクラティックなセンスでの学校体系と教育内容、さらには幼児保育のありようについてのロマンに満ちた提言が、ごくしぜんに湧き出てきたことでもある。

ここで、本書のタイトルを見直していただきたい。

当時の文部省がイニシャティヴを取って世に送った『保育要領――幼児教育の手びき――』（試案）は、終戦直後の数年間が生み出した、幼な子へのロマンそのものと言えるのではないだろうか。すなわち、平和な日常生活を希求する人びとの心にこたえる、純粋な保育のロマンティシズムであったのだと思う。

ところで、あなたは、この文書を丹念に読み通したことはあるだろうか。ちょっと目を通しただけの人も、まるで知らなかった人も、本書に示されている内容とセンスとに、素直な心で対面することをお勧めしたい。この際、是非とも！

なお、文部省が当時これを世に示したとき、「保育要領」の下に（試案）という謙虚さをにじませる文言を付したのだが、本書に於ては、原文〈資料〉のタイトルに於てのみ付し、その他にあっては特に付さないこととした。このこと、ご了承のほど。

I 戦前、戦中の幼児保育のありさま

ひどい、ひどい、本当にひどい戦争だった。著者である私の幼児期は、すべてが戦争についてのことばかりだった。国防色《こくぼうしょく》（カーキ色）一色に塗りつぶされた世界だった。

ちなみに、〝カーキ〟（khaki）のもともとの意味は土ぼこりである。もっとも当時の私たちは、その意味などまるで分からずに、「コクボーショク」と言っては、その色のクレヨンを探し求めた。「黄土色《おうどいろ》」という良い言葉があったはずなのに。

それにしても、カーキ色のことをよくぞ〝国防色〟というネーミングにしたことよ！　今にして思えば、あきれるばかりだ。色の名前までをも……。

そのころの自分の周囲の状況は、父は徴兵され、現地教育という名目で直ちに外地に送られ、ほどなくして戦死の公報が届いた。父にしてみれば、なんという人生の終焉《しゅうえん》。

家屋敷は、強制疎開という名目で取り壊された。軍用道路を造るため、ということだったらしい。乱暴なこと、極まりない。今にして思えば、恐ろしいまでに残酷だ。

結果、母は軍需工場の医務室で働くことになり、小さなバラックの社宅に移り住むこととなった。親戚の者は、このようなありさまを見て、大声で涙を流した。

今となっても忘れられない思い出は、真っ暗闇《くらやみ》での避難訓練の怖かったことである。夜間、幼い子どもたちだけが集められ、戦闘帽をかぶったオジさんに誘導され、どこか遠くの草深い所に連れて行かれるのである。戦時下の夜は灯火管制であり、本当に真っ暗やみだった。

母たちは別の然るべき行動のためなのだろう、集団でどこかへ行ってしまう。自分が「オカーサーン！」と悲愴な声で叫んだ記憶は、今もって鮮明である。このことは、計算してみると76年ほど前ということになる。すなわち一生涯の思い出となる、ということか。

ほどなく、わが家のありさまを心配した親戚の者がやってきて、自分は長い時間ぎゅう詰めの汽車に乗せられ、東京近郊の親戚の家に引き取られた。

そこは、東京の区部からは少し北であったため、直接の空襲はなく、なんとなく過ごしていた。しかし、どこか近隣に爆撃があったときの地響きはすごく、障子やガラス窓はガタガタと揺れた。たまたま近くに幼稚園があるということで、私は伯母に連れられて行き入園を願ったのだが、モンペ姿の園長先生は、時勢がら新たにお子さんをお預かりすることはとてもできない……、と断わられた。

しかし、伯母はがんばって、この子の父親はかくかくしかじかと訴えると、園長先生はそれはそれはと恐縮し、直ちに入園を許可してくださった。結果、自分は1944~1945年度の二年間にわたって、幼稚園に在籍することとなった。古典的な、立派な「修了証」が今も書庫の奥深くに眠っている。

このことは結果として、後に幼児保育について勉強するうえでの、貴重な体験となった。なぜなら、究極の社会情勢の中での保育のありようというものを、思い描くことにつながったからだ。ああ、あのころの幼な子たち、あのころの先生たち、あのころの園舎や遊具、などなど。

ここに、そのころ倉橋惣三が書いた文章がある。１９４４年12月に書いたものである。翌年の夏に、戦争は終わるのだが……。

まさに私たち園児が、暖房もない園舎の床に正座して、かじかんだ手ではしを握りしめ、粗末な弁当のムギメシを口の中に押し込んでいたころのことである。

次は、ちょうどそのころの、倉橋の書いたなまなましい文章である。

「苛烈なる戦下に、今年も暮れてゆくというよりは、年の暮るることなど想う暇もないのが、われわれおとなの心である。……戦争にまったなく休憩なく、銃後の覚悟にも用意にも、一刻の隙《すき》も怠りもあってはならない。……

門松もあるまい。しめ飾りもあるまい。お雑煮もどうだろうか。その上、職場に忙しい父や母に、年賀の賑《にぎ》やかさもなく、松の内三ヶ日の休日もあるまい。子らにしても、晴着のないのは素《もと》より、お正月菓子もお年玉の玩具も無い。……

お正月を多少ともお正月らしくするには、容易ならぬ苦心がいろう。そこを何とか工夫して、個々の家庭では迎えられないお正月の形もつけてやりたいものである。室飾りの物資はないとして、黒板はある筈《はず》だし、白墨《はくぼく》はある筈だし、赤、青、黄位《くらい》は仕舞《しま》ってもあろう。そこに保母さんのお正月装飾者としての手腕の振い場がある。すごろく、かるた、既成品を玩具屋に求めることはむつかしいとして、さがせば何かの厚紙もあろうし、少々の絵の具もどこかにあるだろうし、保母さんの手で、いくつかのお正月玩具が用意出来よう。……」


倉橋の文章の、なんとみじめなこと。本当のところは、彼自身どう考えていたのだろうか！

戦争のことを、どう哲学していたのか！

これらの文言《もんごん》の後に、彼はこんななぐさめを書き付けている。


「物に足りず甘さが少なくとも、保母さんの心のやさしさが、やわらかさが、その心づくしが、顔色に言葉に出て、それを補って下さればいい。それこそが、今日、幼児と共にいるものの心づくしの全部だと言っていいかも知れない。」

※『倉橋惣三選集・第四巻』所収「戦中小編」フレーベル館

当時の園の様子を、私自身の体験から少しばかり思い出してみようか。

「ソノノユキカヒ」（園の行き交い）というネーミングの出席帳のことは、よく覚えている。これを首にぶらさげて登園するのである。このネーミングは、今でもはっきりと記憶しているほどに懐かしい。とてもセンスのあるネーミングだったと思う。どこの会社の製品だったのだろうか。これも、もしかすると書庫の奥深くに残されているかもしれない。

園での日々の過ごし方は、今からすればとてもとても貧弱だったように思う。古めかしい木の箱にゴチャゴチャと入れられた使いふるしのクレヨンでのお絵かきは、ボクたち男の子は、いつもヒコーキかグンカンかセンシャくらいだった。

画用紙の提供などはもちろんなく、家から持参したいいかげんな紙を使って絵を描いた。マス・ゲームといったものを楽しんだ記憶はあまりなく、列をつくって並ぶこと、体操らしきことをすること、道路に出てはかけっこなどをした。

歌もいろいろとうたったように思うのだが、ほとんど覚えていない。多分、あまり楽しくなかったからだろう。♪ブーと長いは警戒警報、ブーブーブは空襲だ……は、よく覚えている。

とにかく警戒警報が発令されると、直ちに園庭に出て列をつくり、先生に誘導され、自宅近くあたりまで来ると「さようなら」をした。その日は、それでおしまい。

ちなみに、ラジオの放送は「ジー」という音と共にときどき中断し、日本の本土に侵入しつつある敵機の進行状況がアナウンスされた。そして「○○地方ハ警戒ヲ要ス……」といった具合いになる。なお、ラジオの放送は、後にＮＨＫとなる局による一本のみであった。戦時中は、第二放送もなかったように思う。

ラジオは、幼い子どもたちにも理解できるような歌をよく流していたが、たしか「疎開ノ歌」

というのもあった。歌詞やメロディーもいくらか覚えているが、「♪太郎は父のふるさとへ　花子は母のふるさとへ」というエンディングだったように思う。

東京への無差別な空襲は何回か繰り返えされ、地方のちょっとした小都市もどんどんねらわれ、東京に近いここも危ないということで、私は母のもとへ戻された。

場所は、今度は草深い本当のイナカで、小さな寺の一室と、煮炊きをしたり食べたりする板張りの空間だけだった。

水道はない。飲む水だけは、つるべ井戸のあるところまで行って、汲み上げてきた。あとはすべて、裏を流れていた小川の水を使っての生活である。顔を洗ったり、口をすすいだり、身体を洗ったり。あるいは川底の質のよい粘土を手探りで取っては、粘土遊びに興じた。

ある日、近所の農家の人たちが、わがすみかの前に集まってきた。女の人だけだったように思う。理由は、わが家にはラジオがあったからだ。

みんなは、立った姿勢で耳を傾けていた。そして、途中からシクシクと泣き始めた。母は「日本は負けたの……」と言った。１９４５年８月15日、正午の放送の時の、思い出の情景である。

ほどなくして、私の迎えがやってきた。私は、またまたギュウギュウ詰めの汽車に乗せられて、東京近郊の家に戻った。そして、再び幼稚園に通い始めた。

園長先生は、子どもたちに手を胸に合わさせて、「テンノオトウサマ……」といったせりふを口にして、お祈りをするようになった。私にとっては、初めてのことだった。

「テンノオトウサマ」の意味は、自分なりにいろいろと考えてはみたのだが、分からずじまいだった。ボクのお父さんは、亡くなって天に行ったから、なのかな、などとも考えてみた。悲しき空想……。

ここで、日本が世界の多くの国々を相手にしての戦争状態にあった時期と、その直後のころの、5歳児（年長児）の幼稚園への就園率を見ておくことにしよう。

「表」に示されたとおり、戦時期は5％から10％であったことが分かる。

5歳児（年長児）の幼稚園就園率

1931年（昭和6年）	5.4%
1936年（昭和11年）	6.6%
1941年（昭和16年）	10.0%
1946年（昭和21年）	7.5%
1951年（昭和26年）	12.1%

※文部省『幼稚園教育百年史』（ひかりのくに）の「教育統計」による。

空爆に打ちのめされた終戦直後は7・5％にまで落ち込むが、戦後6年ほどすると、やや回復して12％までになった。しかし、5歳児10人のうちの1人強にすぎなかった、ということでもある。

戦争中あるいは終戦後しばらくは、一般庶民の幼い子どもたちの多くは、園に通って楽しげなひとときを過す幸せには恵まれなかった、ということである。

Ⅱ　終戦、珠玉の一編「保育要領」の誕生

国内外の多くの人びとの命を奪い、家々を焼き尽くし、学校をめちゃくちゃにし、人びとの心をずたずたにした戦争は、日本がようやくにして「ポツダム宣言」に従い、敗戦というエンディングを受け入れ、終了した。完敗である。

ちなみに、日本の社会は「敗戦」とは言わずに、「終戦」という言い回しを常用した。そういうことならば、もっと早くに自発的に終戦にすればよかったのに……。殺したり、殺されたりなど、愚の骨頂である。とにかく早く終わるに如《し》くはない。

それから数年間の、日本社会のさまざまな面での変容ぶりはすさまじかったが、ここで教育関係の面についての、めぼしいものをピックアップしてみよう。

1945年

8月　終戦

10月　GHQ「日本教育制度ニ関スル管理政策」を指令。

12月　GHQ「修身、日本歴史及ビ地理停止ニ関する件」を指令。

1946年

3月 米国教育使節団、「報告書」を提出。
6月 「國民学校令」を改正し、訓導を教員とする。
8月 「階名唱法について」通達。戦時中のイロハ音法を改め、ドレミに戻す。
10月 「男女共学制度の実施について」指示。
11月 「日本国憲法」公布。（翌年5月3日施行）
12月 教育刷新委員会「教育の理念及び教育基本法に関すること」「学制に関すること」等を建議。

1947年

2月 文部省「保育要領」作成のため「幼児教育内容調査委員会」を発足させる。
3月 「教育基本法」「学校教育法」公布。
3月 小・中学校のための「学習指導要領」（一般編試案）を刊行。
4月 6・3・3制実施。新制中学校発足。
5月 「学校教育法施行規則」を制定。小学校の教科は、国語・社会・算数・理科・音楽・図画工作・家庭・体育・自由研究、の9教科が基準となる。
12月 「児童福祉法」公布。（翌年1月1日施行）

1948年

3月　文部省「保育要領――幼児教育の手びき――」（試案）を刊行。

※ＧＨＱは、General Headquarters（占領軍総司令部）の略。

私は、國の字のマークのついた戦闘帽（写真のもの）をかぶって、学校へ通った。今も大切に保存してある。

終戦から数年にわたってのさまざまな改革は、とにかくすごかった。教育の面についてのそれは、特に著しかったと言ってもよいかもしれない。

たとえば、戦時中は小学校が〝國民学校〟だったなどということ、ご存じだろうか。ちなみに、私は國民学校への最後の入学生である。心のどこかに古さが残っているのは、その所為《せい》かもしれない。三つ子のたましい百まで……。

國民学校の一年生が最初に学ぶ「かな文字」は「ひらがな」ではなく、「カタカナ」だった。戦前の公文書類が、漢字とカタカナでの文語体だったからだろう。

太平洋戦争中の５歳児の幼稚園就園率

1941年（昭和16年）	10.0％
1942年（昭和17年）	9.3％
1943年（昭和18年）	7.9％
1944年（昭和19年）	6.8％
1945年（昭和20年）	6.4％

※前出の、文部省『幼稚園教育百年史』の「教育統計」による。
（注１）1941年12月に太平洋戦争が始まった。
（注２）1945年８月に太平洋戦争が終結した。

音階の呼び方は「ドレミ」ではなく、「イロハ」だった。まったく、もう……、そこまでやるか！ といった感じである。

さて、幼児保育関係でまず注目すべきは、１９４７年２月の、文部省「保育要領」作成のため「幼児教育内容調査委員会」を発足させる、という事項である。

ところで、太平洋戦争中はどのくらいの割合の子どもたちが幼稚園に通っていたかということを、まずは知っておくことにしよう。

当時のデータは「表」に示すようなものなのだが、年長児（５歳児）に限っての数値であることをご承知ねがいたい。それより下の年齢の子どもたちの数値は推《お》して知るべし、である。現在のそれとは、比較にならない。

ちなみに、明治期から終戦に至るまでのあいだで、１９４１年の10％が最も高い数値であることを認識していただきたい。

その後の４年ほどは、戦争が進むにつれ空襲に次ぐ空襲で、就園率はどんどん下がっていく。幼稚園そのものがなくなっていく。

反対に、父親が出征したり戦死したりした家庭では、母親が育児に専念できず、「戦時託児所」が増えていく。戦争は、幼な子も、赤ちゃんまでをも巻き込んでいく。

「戦時託児所」という名称に連想して思い出されることは、私の母が軍需工場で働くようになったころ、社宅からほど近くに、木造の飾り気のない建物が建てられたことである。母はそれを見ながら、私をあの幼稚園（多分、事業所内の託児施設）に入れるとか口にしていたのだが、工場への大空襲の後、新築のその建物は、亡くなった人たちの遺体置き場になってしまった。なんとしたことよ！　戦争がもたらす悲劇！

母は医務室に勤務していたからだろう、遺体の処置に従事したという。母は、その時のありさまを、ひとつ、ふたつ、具体的に私に語って聞かせてくれたが、当然のことながら原稿に書くことははばかられる。

でもボクは、今でもよく覚えている。戦争映画の比ではない。人も、馬も、それに本来は学業専一であるべき若い人たちも……。今となっては、思い出すことさえおぞましい。

さて、小学校および義務教育としての新しいスタイルの中学校のための「学習指導要領」が作られていくのに対応して、幼児教育のためにもこのようなスタイルのものを、ということになり、１９４７年2月、文部省内に「幼児教育内容調査委員会」が作られた。

メンバーは、ＧＨＱ側は連合軍最高司令部民間情報局（ＣＩＥ）の顧問であるヘレン・ヘッファーナン（Helen Hefferman）が担当となり、日本側の委員としては、東京女子高等師範学校教授の倉橋惣三をはじめとして16名、および幹事として文部事務官2名が充てられた。
１９４７年2月4日付で、文部省学校教育局青少年教育課長から、次のような依嘱状が出されている。

「今般幼児教育改善を検討すると共に此施設運営の根本指導書となる幼児保育要領編纂のため本省に幼児教育内容調査委員会を設置することに決定いたし貴下を同委員の一人に委嘱すべく近日発令方取運び中でありますので何卒御受諾下さるよう御願いいたします。」

※日本保育学会『日本幼児保育史・第六巻』フレーベル館

依嘱状の末尾には、次のような日程が示されている。
「毎週一回、計十二回で審議を終了いたし度《たく》計画して居りますので御了解願います。
第一回委員会
一、日時　二月十二日（水）午後三・三〇—五・〇〇
一、場所　日本放送会館一階「第五スタヂオ」

GHQは、日比谷のお堀端《ほりばた》に面した第一生命ビルに置かれ、そのころの写真は歴史の本やテレビの映像などに、マッカーサー元帥のさっそうたる姿とともに登場するので有名である。

ＣＩＥは、新橋に近い内幸町（うちさいわいちょう）の日本放送会館を使っていた。そのため、委員会の審議は、このビルのスタジオで行われた、というわけである。ふと、あのころの元気いっぱいの生《なま》のラジオ番組や、明るいメロディーが耳もとをよぎる。

このような懐かしい思い出、年輩の方々はうなずいてくれるはずだ。「日曜娯楽版」など、本当に楽しかった。底抜けに明るいメロディーやユーモアに満ちた歌詞、などなど。それらに込められた、インテリジェンスと批判精神。現在の番組にあふれている下品で幼稚な駄じゃれなど、まるで及びもつかない。

あの頃の伸びやかな明るさは、わが日本の近代史にあっては、まこと希少価値である、と私は思っている。このこと、歴史の本にでも克明に記しておきたいくらいだ。

Ⅲ 『保育要領』の内容構成

まずは、「保育要領」の内容構成を見ておくことにしよう。次のとおりである。

一 まえがき
二 幼児期の発達特質
三 幼児の生活指導
1 身体の発育
2 知的発達
3 情緒的発達
4 社会的発達
四 幼児の生活環境
1 運動場
2 建物
3 遊具

五　幼児の一日の生活
1　幼稚園の一日
2　保育所の一日
3　家庭の一日
六　幼児の保育内容
――楽しい幼児の経験――
1　見　学
2　リズム
3　休　息
4　自由遊び
5　音　楽
6　お話
7　絵　画
8　製　作
9　自然観察
10　ごっこ遊び・劇遊び・人形芝居
11　健康保育

まず目を引くのは、「幼児の保育内容」としてたっぷりと列挙された12の内容である。後になって〝領域〟として示されるようになる「健康」「人間関係」「環境」「言葉」「表現」などといった抽象概念とは違い、目に見え、耳に聞こえてくるような具体そのものである。

さらには、「幼児の保育内容」というタイトルに加えての「楽しい幼児の経験」というサブタイトルが躍っている。

ふと思うのだが、終戦直後のあのころの保育を想う人たちの心には、さんざん辛く、貧しく、苦しい思いに耐えてきた幼い子どもたちに、これからは〝楽しさ〟をいっぱいプレゼントしてあげなくては！　という親ごころが躍っていたのではないだろうか。そうに違いない。

私は、そのころの少年として当事者だったから言うのだが、「欲シガリマセン勝ツマデハ」という、戦時中の子どもたちに対して無欲を求めた最も有名なキャッチフレーズは、完全なウソ、完全なギマンだったということである。もし、これが真実性を持つのなら、他国を相手とする戦闘行為の勝利と、子どもたちのハピネスとを結び付ける、実に恐ろしいスローガンということになる。その意味、少しばかり考えてみれば納得いただけるはずだ。このこと、よくよく考えてみていただきたい。

教訓——同時代にどこからか流布されてくるキャッチフレーズというものは、その時代から離れて考えてみると、とんでもないマジックが多いということだ。

このこと、その時代にあっては、多くの御人好《おひとよ》しは意識することがない。庶民の人のよさ、けなげさ、ということだろうか。しかしながら、愚かしくも悲しい事実。現代にあっても、もしかすると……。

Ⅳ　教育顧問ヘレン・ヘッファーナンによる指導

連合軍最高司令部民間情報部教育顧問として、1年間の予定でアメリカからやってきた女性がヘレン・ヘッファーナン（Hellen Heffernan, 1896～1987）である。『保育要領』を読み取る際、その指導に当たった彼女の存在を無視することはできない。

彼女は１８９６年マサチューセッツ州に生まれ、高等学校を卒業後、師範学校（Nevada Normal School）で学び、19歳で教員になったという。いくつかの初等学校の教員を経た後、大学に進んで学士号を、さらには修士号を取得している。そのような努力の結果、彼女はカリフォルニア州において地方視学官となり、さらには若くして州の初等教育局の局長のポストに就いている。大いなる努力家だったことが推測される。

彼女は、世界の教育史にあって有名な〝児童中心主義〟的センスで仕事を進め、多くの教育関係者からの支持を得たという。

彼女が学び、かつ教員や教育関係の仕事に励んでいたころ、すなわち20世紀の初期から中期のころは、児童中心主義で有名なジョン・デューイ（Jhon Dewey, 1859～1952）が大いに活躍していた時期と符合する。

ちなみに、１９１６年に出された“Democracy and Education”（日本語訳でのタイトルは『民主主義と教育』）は、きわめて有名であり、いま筆を取っている私自身、教育や保育のありようを思索するうえで大いに参考になった。

ヘッファーナンも然り、彼女も“a follower of John Dewey”と称されていたという。ちなみに“follower”とは、「信奉者」あるいは「門下生」、といった意味である。

さて、彼女がまず最初に委員会のメンバーに示したものは、“Modern Developments in Kindergarten Education”という英文の文書であった。そこに示された考え方のポイントは、次のようなものであった。

・Modern research has pointed out that the basic personality patterns are shaped during the first years of life.

・Inflexible rules and prescriptions should not be made for children of any age and particulary not so for young children.

（訳）・最近の研究では、人間の基本的な性格というものは、最初の数年間のうちに形作られることを指摘している。

・融通のきかない規則や指示は、子どもたち、特に幼い子どもたちには示すべきではない。

（荒井　訳）

そして、“What is a good day for the preschool child?”（園児たちにとっての良い日とはどのようなものか）というタイトルで、次の10項目を列挙している。

1. Play out-of-doors in the sunshine and fresh air.
2. Paly indoors in a large room.
3. Opportunity to use challenging materials out-of-doors and in doors.
4. Active as well as quiet play.
5. Rest.
6. Food.
7. Exploratory, esthetic, creative experiences.
8. Companionship with children of the same age.
9. Sympathetic adult guidance.
10. Long periods of freedom without too much adult direction.

平易な英文なので、その主旨やセンスはおおむね理解できるだろうが、一応、私なりに訳出してみることにしよう。

1. 戸外で、日の光と新鮮な空気に包まれて遊ぶこと。
2. 屋内にあっては、大きな部屋で遊ぶこと。
3. 戸外にあっても、屋内にあっても、興味をそそる素材を使う機会とすること。
4. 活動的な遊びとともに、静かな遊びもすること。
5. 休憩。
6. 食事。
7. 探求的な、審美的な、創造的な体験。
8. 同年齢の子ども同士での仲間意識。
9. 大人による、思いやりのある指導。
10. 大人による多すぎる指導のない、たっぷりとした自由な時間。

（荒井　訳）

この10項目を読み込んでの、感想やいかに。私の場合、10.は大賛成だ。大人による指示や干渉のない時間をたっぷりと取るべきだという見解、ほれぼれとする。

8.は、どうだろうか。異年齢でのおつきあいについては記されていない。家庭内や地域社会でのたっぷりとした人間関係があった時代、あるいはそのようなコミュニティーの雰囲気を前提にしての項目だったのかもしれないが……。現代でならば、"sibling"(brother & sister)すなわち異年齢間でのしぜんな交流も押さえるべきである。

とにかく、1.は一番だ！　太陽の光と新鮮な空気のもとでの戸外遊び。子どもたちがこのような環境をたっぷりとエンジョイできるよう、幼児保育の環境論は叫び続けるべきである。

ところで、1975年に日本保育学会が出した『日本幼児保育史』(フレーベル館)の『第六巻』の中で、「保育要領」が作られた当時の経緯について、直接関係した人たちによる座談が収録されている。

メンバーの一人であった多田鉄雄(当時、私立池袋幼稚園々長)は、次のように述べている。

「幼児教育を担当したのは司令部のなかでも西部の連中だったから、プログレッシブでした。ヘファナンもその一人で、倉橋先生などの考え方と近く、その意味で自由教育ということが保育要領の骨子となりました。」

「小学校や中学校の教育要領を考えるときは……カリキュラムはごく簡潔なことだけにして、現場の人が自主的に考えるようにされましたが、その考えを幼稚園の場合も採り入れました。」

また、やはりメンバーの一人であった山下俊郎(当時、恩賜財団母子愛育会教養部長)は、次のように述べている。

「形式的にはヘレン・ヘファナンが主催するという形をとっていましたが、実質的には倉橋先生が委員長のようなものでした。」

「ヘファナン女史が非常によき理解を示してくれて、両者の考え方がほとんどマッチしたことです。とくに倉橋さんが一番喜ばれたことは、幼稚園令の保育五項目を脱却して、「幼児の保育内容——楽しい幼児の経験——」として十二の内容が考えられたことです。」

「先生は『保育要領に盛られている考え方は、僕が三十年前に考えたことなんだよ』と言って、それが認められて保育要領ができたことを非常に喜んでおられました。」

「全体として保育は幼児の生活にもとづいて考えるべきであるという考えで貫かれていたことは今でもよかったと思っています。」

「保育要領」に流れる文脈は、ヘッファーナンが示した基本理念とおおむね合致するが、倉橋惣三が大正期から昭和戦前期に至るあいだに主張し続けてきた理念とも、見事にオーバーラップしている。

これは、倉橋が１９３６年の夏の講習会において、アメリカの学科主義的傾向に進みつつある保育案に対して、コロンビア大学の幼稚園の日常生活を重視した〝生活カリキュラム〟のほうを礼賛していることと符合する。

※アメリカの学科主義的傾向……については、『倉橋惣三選集・第五巻』フレーベル館、参照

当時、文部事務官であった井坂行雄氏は、ヘレン・ヘッファーナンの指導のもとに、写真のような書物を著した。
扉をひらくと、ヘッファーナンの写真とサインとがある。
発刊は１９４７年11月、ちなみに定価は48円となっている。（牧書店　刊）

すなわち、ヘッファーナンと倉橋は、ともに学科主義的傾向から抜け出した、自由な遊びと自然な生活を中心とした保育理念を持っていた、ということである。

概して言うならば、ヘッファーナンと倉橋の二人のリードによる「保育要領」に流れる文脈は、文学的な物言いをするならば、厚い雲が流れ去った後のさわやかな風である。

児童中心主義的なマインドを秘めた二人三脚による仕事は、日本の幼な子たちにとって、あるいは保育を担うスタッフたちにとって、さらには保育を学んでいこうとする人たちにとって、得がたい花と実であった、と表現してもよいのではなかろうか。

V 「保育要領」が語りかける、あらまほしい保育の姿

ここでは、かなりの分量がある「保育要領」の本文の中から、ポイントと思われる10か所をピック・アップし、そこに記された内容について、私なりの印象や解釈、それに感想などを書いてみようと思う。

読者諸兄姉が「本文」（後掲）を読み込んでいくうえで、参考にしていただければと思う。

あまりにもひどかった戦争！　日本人は、戦争をするために生まれてきたのか。あるいは、男の子は兵隊になるためにのみ毎日を過ごしていたのか。

そんな具合いの日々から解放されたときの文章、日の光がいっぱいに差し込んできたような文章である。

「今、新しい日本を建設しようとするときに当たって……」という一節は、本当にそのとおりの気持なのである。このこと、読者諸兄姉よ、よくよく理解されたし！

一　まえがき

昔から、わが国には子供をたいせつにする習慣があるといわれているが、よく考えてみると、ほんとうに幼い子供たちにふさわしい育て方や取り扱い方が普及していたとはいえないであろう。

今、新しい日本を建設しようとするときに当たって、幼児の育て方や取り扱いについて根本から反省をし、学理と経験にもとづいた正しい保育の仕方を普及徹底して、国の将来をになう幼児たちを心身ともに健やかに育成していくことに努めなければならない。

のちにしるすように、幼児期には、身体的な方面から、知的な方面から、情緒的な方面から、また社会的な面から、他の時期とは著しく異なった特質がある。

幼児には幼児特有の世界があり、かけがえのない生活内容がある。成人や年長の子供にとっては適当な教育法であっても、それをそのまま幼児にあてはめることはできない場合が多い。

幼児のためには、その特質によくあった適切な教育計画がたてられ、適当な方法をもって注意深く実行されることが必要である。

これが当時のメンバーが「さあ書くぞ！」といった気構えで元気よく書き出した「まえがき」である。あの猛烈な大戦争が終了して、二年あまりしての文章である。今、現在、幼児保育に関係しているあなたが、ここを読んでみての感想はいかがだろうか。

日本の一般の年輩である人は、昔の日本の人たちは幼な子にやさしく、「七つまでは神のうち」と言うほどに寛容であった、と思っている。私なども、まあ、そのうちの一人かもしれない。

しかし、これを書いているメンバー諸氏は、幼な子の育て方についても、古臭い、因習的な面が多々あったと見ている。

そこで、新しい日本を建設するスタートの時機にある今こそ、幼な子の育て方についても、根本的に考え直してみよう、という姿勢を取っている。

さて、「幼児には幼児特有の世界があり、かけがえのない生活内容がある」という一文に、まずはフォーカスを当てる必要がある。

「かけがえのない生活内容」、これぞ幼児保育のありようについての眼目と言ってもよいだろう。ちなみに、「かけがえのない」とは「掛け替えのない」と書くのであり、もしこれが無くなったとしたら他のものでは代えることができない、ということを意味している。貴重な表現である。

この文章をもう一度しっかりと読み直してみると、「正しい保育の仕方を普及徹底して」という一文が目に止まる。この「正しい保育の仕方」というのが、私としては少しばかり気に掛かる。

幼児保育という営みは、規格品の生産工程ではないのであり、〝正しい〟という形容詞は、人間論には本来なじまない。言うまでもないことだが、常によりベターなものを追い求めていくのが、人間論としての幼児保育のありようではないのか。

〝正しい〟という形容詞をつかってしまったのは、当時のメンバー諸兄姉の大いなる気負いからだった、ということにしておこうか……。

継続する戦争のため、義務教育を6年間から8年間にしようという計画はストップしていたのだが、新たに6年プラス3年の、合わせて9年間が実現することとなった。

と同時に、幼児期の保育についても光が当てられることになり、幼稚園を「学校教育法」の範《はん》疇《ちゅう》に収めることにもなった。

結果、幼保全体に光が当てられる時代へと移って行った。すなわち、現代につながる〝保育の時代〟へのスタートである。

すでに学校教育法では満六歳から十五歳までの義務教育が定められ、その完全な実現もそう遠いことではないが、幼稚園も新しい学校教育法により、学校の一種として、すなわち正式の学校教育の系統の出発点として、はっきりした位置を認められることになった。

これは、小学校入学前の幼児期に対する教育の機関が必要なことを世人が理解し、それへの関心が高まったことを意味するものであるが、ほんとうの普及発達は、これからの問題であり、われわれがそれぞれの立場で努力していかなければならない問題である。

幼稚園は、学校生活・集団生活に幼児を適応させるように導いて、その成長発達に大きな影響を及ぼすものであると同時に、幼児期に適切な、それ独自の意義と使命を持った教育施設として必要であることを見のがしてはならない。

……………………

教育基本法に掲げてある教育の理想や、学校教育法に示してある幼稚園の目的や、その教育の目標や、教育の一般目標など、こうした社会の要求をはっきりわきまえ、その実現につとめなければならないと同時に、この目標に向かっていく場合、あくまでも、その出発点となるのは子供の興味や要求であり、その通路となるのは子供の現実の生活であることを忘れてはならない。幼児の心身の成長発達に即して、幼児自身の中にあるいろいろのよき芽ばえが自然に伸びていくのでなければならない。

教師はそうした幼児の活動を誘い促し助け、その成長発達に適した環境をつくることに努めなければならない。

ここで注目したいことは、まずは「幼稚園は、学校生活・集団生活に幼児を適応させるように導いて」というところであり、集団生活としての学校生活にスムースに入れる準備期間として、幼稚園を捉えていることである。

その後に、「幼児期に適切な、それ独自の意義と使命をもった教育施設として必要である」と書き加えている。

あえて言うならば、ここに挙げた二つの順序は、その前後を逆にするのが至当である、と私は思う。そうでなければ、幼児保育についてのプライドを持っての純粋な本質論とはならない。

しかし、後段の「その出発点となるのは子供の興味や要求であり、その通路となるのは子供の現実の生活である」というくだりは、まさに然りである。

素朴に考えてもみようか。人間は、大の大人になるために小さな子どもとして存在しているのではなく、子どもとして充実した日々を送っているうちに、その心身の内発的エネルギーが、自らを大人としての存在たらしめていくのだと思う。

思うに、人間はどの世代にあっても、常に主格としての誇らしさに満ちているのが本当ではあるまいか。逆に、常に何かの存在となるための準備期間であると認識したなら、人生を謳歌するなどということは存在し得ない。「苦は楽のため」式、視野狭窄《きょうさく》の人生段階論に成り下がってしまう。

幼児保育は、限られた子どもや家庭に対してのみのものであってはならない。すべての子どものために、より健康な、より明るい保育が提供されるべきものである。

思うのだが、すべての幼な子たちを見据えての保育のありようこそが、世に胸を張ることができる保育論であるはずだ。言わずもがな、ではあるが……。

国家たるものは、幼い子どもたちをプアーな状況に置き去りにしておくことは許されない。

　幼稚園以外にも、社会政策的な見地から幼児を保護し、勤労家庭の手助けをするための保育所・託児所等をはじめ、いろいろな幼児のための施設がある。これらの施設においても、その預かる幼児に対して教育的な世話が絶対に必要なのである。教育的な配慮や方法をもってなされない保護や収容は、かえって幼児の健全な成長発達を阻害することになることが多い。

　一般の家庭において母親が幼児を育ててゆく場合も、全く同じことである。できるだけ幼児の特質に応じた適切な方法をもって子供の養育に当たらなければならない。

　こうした、幼稚園における教師や、いろいろの施設において幼児保育に当たっている人々や、家庭の母親たちは、幼児の特質がどんなものであるのかをわきまえ、それに応じた適切な教育や世話のしかた、その他それに必要な設備や道具や材料のことなどについて、十分な理解を持たなければならない。

更に進んでは、あらゆる工夫をこらして、幼児に最もふさわしい環境をととのえてやり、その成長と発達を助ける実際の方法について、十分習熟するよう努めなければならない。

しかし、現在の日本の実情では、すべての家庭が教育的かつ衛生的に子供を育てることができるとはいえない。そこで、幼稚園やその他の幼児のための施設、教師や保母がいままで以上にその識見を向上させ、その技能を高めていくことが必要となるのである。


今、ここでテーマとしている「保育要領」なるものは、直接的には幼稚園のために検討されたものではあるのだが、実際のところは保育所や託児所、それに類する他の諸施設など、さらには一般家庭の母親などにあっても活用されるべきなのだ、と訴えている。

すなわち、日本全体の子育て担当者に向けての「保育メッセージ」といったところである。その張り切りぶりは見事だ。日本の幼児保育の、新しいスタート・ダッシュそのものである。

当時の幼な子を取り巻く社会の様相を思い浮かべてみると、実にひどいものだった。まこと、プアーそのものだった。子沢山《こだくさん》の子どもたちは、ただ放り出されていたのだ。

そもそも戦時中は、出産の際のうぶ湯を準備することからが容易ではなかった。空襲警報が発令されているときには、煙を出すことが禁じられていたのである。敵機の目に留まるからだ、という。すなわち、お湯を沸かすことができない。産湯《うぶゆ》が用意できない！　空襲とは、そこまでも行き着くのだ。戦争はあらゆる面で、人間の人間らしい当然の生活を否定する。

思うのだが、高等学校の歴史の教科書あたりには、このような生命や生活にかかわる事実をこそ、しっかりと書き込んだらいかがだろう。そうすれば、生きた人間の歴史になるだろう。読む者は、多分、前のめりになるはずだ。

とまれ、戦前の日本政府の人口政策に関する標語はあからさまだった。なんと「産めよ増やせよ」である。〝満州〟などへの大陸侵攻を前提にした、人口確保の政策である。考えてみると、そら恐ろしい。人間の生の営みそのものを、侵略政策の具としていたのだ。

そして、政府の示したスローガンに、健気《けなげ》にも乗ってしまった母親たち……。雨の日も、風の日も、真面目に学校に通い、義務教育をしっかりと身に受けたしもじもは、素直《すなお》であり、お人よしであり、お偉い人の仰《おお》せには健気《けなげ》にも従ってしまう。これぞ教育の効果の一面でもある。

次に挙げる引用文は、〝興味〟という子どもの心の状況をキー・ポイントに置いての、子どもの行動を描いたものである。すなわち、〝興味〟こそ保育の流れの原動力である、ということになろうか。

そうか、子どもたちの折々の〝興味〟を、あるいは子どもたち一人一人の〝興味〟を沸き起こす源泉を、保育者たる者はしっかりと研究せよ、ということか。

子供は興味にしたがって動く。興味のあることには夢中になって、自分を打ち込んで遊ぶ。興味のないことに対しては動かない。絵の好きな子供は夢中になって絵を描き、積み木の好きな子供は、一生懸命に積み木を積む。また同じ絵にしても、自動車の好きな子供は、しじゅう自動車ばかり描いている。そして、興味のないことには見向きもしない。

子供は自分を動かすことによって、自分で活動することによって成長するものであることを考えれば、子供たちの動きを引き出す原動力になる興味こそ、子供を成長させる最もたいせつな要素である。

子供の遊びも活動も、すべてこのような子供の心から出る自然の興味から生まれ出るものであるから、それにしたがって、子供自身の発意を尊重し、子供とともに、遊びの計画をたてるようにしたいものである。

しかし、一方から考えると、子供の興味はその向くところが非常に限られている。そのままにしておくと、非常にかたよった心の子供ができてしまう。このことを避け、いろいろなものに興味を持つことのできるような、調和のとれた子供を作るためには、子供がいろいろなものに対する興味を持ち、またその興味をひきおこすことができるように、子供の環境を豊かにととのえることが望ましい。

この、わずかな文章の中に、〝興味〟という言葉が10回も出てくる。この部分の執筆を担当した方は、幼児保育にとって〝興味〟こそがキー・ワード中のキー・ワードである、と考えたからであろう。幼児保育における〝興味〟、この際、肝に銘ずべし！

思えば、われわれは英文の中で、あるいは英語をつかっての会話の中で、〝interesting〟という単語をしばしば目にしたり、つかったりもしてきた。とてもなじみのある、日常の生活に溶け込んだ単語だったように思う。

それに比べて、日本語の〝興味〟あるいは〝関心〟といった言葉のほうが、やや堅い感じがする。二つとも、もともとの古来の言葉ではないからだろうか。ちなみに、幼い子どもたちにとっては無縁な、難しい用語でもある。

ここで、私たちの幼い日の心の動きといったものを、努力して思い出してみようか。

成長するに従い、つぎつぎに新しい物、新しい動き、新しい風景などと出会い、心が奪われ、すなわち興味を持ち、好奇心に満たされ、世界が広くなっていった。そして、それなりに成長していったのだと思う。

とすると、心が引かれること、すなわち〝おもしろいこと〟に出会っていくことが、心の成長につながるということになる。

ここで、ちょっとばかりキザに表現してみるならば、幼な子のナイーブな心には、本物の自然と、心うれしい日常生活とが、なによりも好ましい驚きの源泉のはずだから、そのような驚きの湧き出る園生活であるように、常日ごろ心掛けたいとも思う。

子供はみな、めいめいの個性を持っている。知的能力についても、それぞれ特徴がある。絵の得意な子供もあれば、粘土細工の得意な子供もある。絵本を喜ぶ子供もあれば、歌の好きな子供もある。運動の得意な子供もあれば、談話を楽しむ子供もいる。

子供めいめいの興味を生かし、その特徴を最大限に伸ばしてやる点から考えれば、多くの子供たちに同じことをするようにしている保育のやり方は、反省されなければならない。このような保育は、せっかく持っている個性を無理に一つのわくにはめこむことになり、各自の特徴を伸ばすことができないからである。

個性に応じて、おのおのの子供の持っている知的能力を十分に発達させるために、それぞれの興味に最もよくかなった、自由な活動が許される機会が与えられなければならない。

さわやかな文章が、リズミカルに書き進められている。ここでのキー・ワードは、もちろん〝個性〟だ。

かつて私が著わした本（『新世代の保育をデザインする』筑摩書房、1988年）の中に、

“Everyone is unique！”という、スウェーデンの保育園の園長から学び取ったフレーズを書き込んだことを思い出した。

すなわち、“unique”とは「特有の」「独特の」あるいは「唯一の」といった意味であること。そして、このフレーズは保育のありようを考えるうえでの、欠かすことのできない基本理念であることを深く認識した、ということである。

ちなみに、“everyone”とは単数が核であり、「一人一人の人間はだれでも……」と訳すべき言葉であること。

反対に、日本の園でよく耳にする「さあ、みんな！」という呼び掛けは、文字どおり全員（みんな）のことである。

ところで、日本では「ユニーク」という言葉は、「独特の」とか「ちょっと変わった」といったニュアンスでつかわれがちなのだが、本来は、「ただ一つしかない」あるいは「唯一の」といった意味であることを確認しておきたい。

幼児保育のセンスで言ってみれば、「子どもたちは一人一人、身も心もそれぞれに特徴があり、好みもまた、それぞれである」といったところであろうか。このことは、保育を担う者としてはゆめ忘るることなかれ！　である。

70年あまり前、彼らメンバーは焼け野原がいまだ広がる東京を見渡しながら、園庭のありようを次のように描き出した。

「できるだけ自然のままで、草の多い丘があり、平地があり、木蔭があり、くぼ地があり、段々があって……」

もし、このようなセンスが日本の保育界一般に広がっていたとしたなら、幼児保育の基本をなすフィロソフィーは、よりおおらかに、よりのびやかに育っていたであろうに……。

○運動場

運動場は、日光のよく当たる高燥で排水がよく、夏には木陰があり、冬は冷たい風にさらされないところを選ぶ。

できるだけ自然のままで、草の多い丘があり、平地があり、木蔭があり、くぼ地があり、段々があって、幼児がころんだり、走ったり、自由に遊ぶことができるような所がよい。

夏には木蔭となり、冬は日光が十分に当たるように落葉樹を植えるとよい。

幼児にはできるだけ自然の美しさに親しませたい。それには、日当たりのよい運動場の一部を花畑、菜園として野菜や花を作り、それを愛育するようにしむける。
…………………

　土を耕し種をまき、苗を植え、水をまき、除草し、手を尽くした結果、咲き出す花を喜ぶ。かくして花を愛するやさしい心や、成長を観察する力が養われ、自然に対する興味が深まり、豊かな人間性が約束される。

〝運動場〟とは、現在で言う〝園庭〟のことだが、そこは「できるだけ自然のままで、草の多い丘があり、平地があり、木蔭があり、くぼ地があり、段々があって、幼児がころんだり、走ったり、自由に遊ぶことができるような所がよい」と、ごくしぜんな語調で述べている。

　ここで、読者諸兄姉に質問をすることにしよう。もし、あなたの園の園庭が、かくなる園庭であるとしたなら、小生あてにご連絡いただきたいのだが……。早速に見学のため参上したい！とにかく園庭についての、この部分を読んで驚かない人はまずいないと思う。なぜなら、日本中の一般の園庭は、ここに記されているそれとは真逆だからだ。手狭《てぜま》な園庭に、大きな固定遊具がドンと置かれたりして……。園庭のフィロソフィーは、一体どうなっているのだろう。

　ところで、本書の著者である私は、この半世紀ほどのあいだ、スウェーデンなど北欧諸国の園を、あちこちと歩き回ってきたのだが、大都市の繁華な地域などを除けば、ここに書かれているような自然のままの園庭がほとんどなのだ。

もし信じられなければ、北欧諸国をローカルに歩き回ってみていただきたい。そして、ひろびろとした園庭の中を、ゆったりと歩いてみていただきたい。さわやかに、広やかに、心が満たされる園庭の旅になるはずだ。お勧めである。

〈参考〉荒井　洌著『園をみどりのオアシスへ――幼児保育における放牧の思想――』フレーベル館

本書を熱心に読んでくださっているあなたは、幼児保育の理想的なありようというものを、ときどきは胸に思い描いているはずだ。

現実のつましい条件や立て前上での保育論は、この際は横に置いておき、〝自由遊び〟を中心とする次の提言を、しっかりと読み込んでいただきたい。

この世に生を受けた幼な子たちにとっての、幸せな日々とはいかにあるべきか。幸せな日々を軸に置いて、心やさしく、心ひろやかにお考えいただきたい。

○自由遊び

幼稚園における幼児の生活は自由な遊びを主とするから、一日を特定の作業や活動の時間に細かく分けて、日課を決めることは望ましくない。一日を自由に過ごして、思うままに楽しく活動できることが望ましい。

そして、その間に教師は幼児のひとりひとりに注意を向けて、必要な示唆を与え、個々に適切な指導をし、身体的にも、知的、感情的にも、社会的にも、適当な発達をはからなければならない。

幼稚園の毎日の日課は、わくの中にはめるべきでなく、幼児の生活に応じて日課を作るようにすべきである。

………………………

幼児を一室に集め、一律に同じことをさせるより、なるべくおのおの幼児の興味や能力に応じて、自らの選択に任せて自由に遊ぶようにしたいものである。興味のないことがらを、教師が強制することは好ましくない。

ああ、なんと素直な文章！　なんと純粋なキンダーガルテン論！　このような雲ひとつない見事な幼児保育論が、さらさらと書き進められていく素晴らしさ！　自然で平和な人間論、すなわち保育論を純粋に追い求めようとした、あの時代の然《しか》らしめるところなのか……。

とにかく、ここに示した文章を、声に出しながら数回お読みになっていただきたい。読んでのご感想は、正直なところどんなものだろう。現代のわが日本のオーソリティー諸氏が示すセンスとは、少しばかり方角が異なっているように思えるのだが……。

しかし、しかし、フレーベル以来の〝キンダーガルテン〟をイメージしての基本理念は、子どもたちの伸びやかな遊びをベースとするものではなかったのか。控え目な、されど心ある人たちの、幼な子を思う本心ではなかったのか……。

すなわち〝遊び〟とは、保育のための素材あるいは手段として位置付けられるべきものではなく、幼な子たちの心身の赴く行為そのものであり、元気に生き、成長しようとしている幼な子の〝レーゾン・デートル〟（存在意義）そのものなのだと思う。

しぜんに遊び戯れる子どもたちのいきいきとした姿は、限りない未来へ生命をつないでくれる存在として、たくましく、いとおしく、かわいらしい。

私の思い出。小学校の1～2年生のころは、あの大戦争の直後で、何もかもが無かった。

3年生のころから、学校は明るい感じになってきた。校外に出て、社会見学か、自然見学か、あるいは歴史見学らしきことをしばしばやった。

貝塚へ行って土器の破片を掘り出したり、「五万分の一」の地図をたよりにして林やたんぼ道を歩いたり……、今でもなつかしく、くっきりと思い出す。本当に、心地よい思い出である。

がんばってくださった、兵隊帰りの若き先生への、今さらながらの感謝の思いである。

○見学

幼児には、広い範囲にわたっていろいろの経験をさせることが望ましい。そして、その経験は、なるべく実際的、直接的でなければならない。

幼稚園内、あるいは保育所内での生活は、いかに十分の設備と行き届いた教師の指導があっても、どうしても一方にかたよったり、狭い範囲にとどまってしまう。園外に出て行って、園内では経験できない生きた直接の体験を与える必要がある。

…………

場所としては、幼児にとって危険がなく、しげきの強過ぎないところならば、どこでもよい。町に行けば、花屋・くつ屋・やお屋等の前を通って、いろいろの商店が見られ、郵便局・停車場等の公共施設もあり、その途中には交通を整理する巡査が立っているのに感謝の念がわく。

…………

社会と並んで、自然界もまた幼児の経験の無限の豊庫である。

四季の花つみ、昆虫採集、木《こ》の実拾いや落ち葉拾いは楽しく、種まき・田植え・刈り入れ等の農夫たちの姿も幼児には美しいであろうし、また貝がらを拾ったり、砂遊びをしたり、水にたわむれたりすることは、海辺の幼児が持つ楽しみの一つであろう。

倉橋惣三が書いた文章に、次のようなものがある。ちなみに、執筆は1941年10月、太平洋戦争が始まる2か月前のこと。

天地は学校だと古人が言いました。実際、広い世界は、至るところに知識もあり、教訓もあります。同じ意味で、天地は幼稚園です。

庭だって、露路だって、近所の往来だって同じです。そういうのを近足幼稚園といいましょうか。八百屋の店さき、魚屋の店さき、立派な菜園であり、水族館です。

そこで、一足のばして、遠足幼稚園ということになります。遠足といったって子どもの遠足で、おとなにとっては近足ですが、一歩郊外に出て、一《ひと》電車乗って海浜に出れば、森あり、野あり、磯あり、なんと豊富な幼稚園でしょう。そこには、観察絵本や、幼稚園の壁画で平たく生気なく見た自然が、立体的にいきいきと、幼児の自由な観察を待ち受けています。

※『倉橋惣三選集・第四巻』フレーベル館所収「遠足幼稚園」より

倉橋は生真面目《きまじめ》な文章の中に、ときどき軽い駄じゃれをはめ込むことがある。この文章の中でも、それをやっている。「遠足幼稚園」に対しての「近足幼稚園」といった具合いである。

それはとにかく、「一《ひと》電車乗って海浜に出れば……」というのは、現在で言えば市電あるいは都電などを利用すれば、たとえ東京であっても、すぐ海岸にだって出られるという意味である。おかたそうな倉橋にしては、発想はなかなかやわらかい。学ぶべきやわらかさである。大いに参考にしたい。

ジャン・ジャック・ルソーの『言語起源論』を読んだときの感動は忘れられない。

「最初の話し言葉は、最初の歌だった。」

人類の歴史あるいは人生にとって、愛やため息や感動や語りかけなどは、ポエムであり、リズムであり、メロディーであったということ。言うなれば、子育てとは、すなわち保育とは、愛が込められたミュージックそのものでもある、ということ。

○音楽

幼児に音楽の喜びを味わわせ、心から楽しく歌うようにすること、それによって音楽の美しさをわからせることがたいせつなのである。音楽美に対する理解や表現の力の芽ばえを養い、幼児の生活に潤いを持たせることができる。

教師はできるだけ多くの歌を知り、幼児が歌を要求した場合、直ちにうたって聞かせてやれるようにしておくのはもちろん、また、ときには即興の作詞・作曲ができるようでありたいものである。

よい音楽を聞くことは、幼児の音楽教育の重要な部分を占める。レコードやラジオを聞いたり、演奏会を楽しんだり、ことに園児の音楽会はそのよい機会となろう。その場合の曲目等はなるべく広い範囲から選択し、上品で明朗かつ律動的なものがよい。

音の美しさを直接に感じさせることも大切である。曲はあまり長くない方がよく、一曲の長さは三十秒ないし一分間が適当である。

音楽を聞くときには、静かにして聞いて楽しむことも大切であるが、ほかの遊びをしながら聞いたり、身体の運動をともなって聞いたりすることも、幼児としては自然である。

要は音楽を楽しむことを通じて、幼児の生活を豊かにすればよい。

話しは大きく飛ぶのだが、そう、終戦後ほどないころのことだったと思うが、戦前の女学校の先生をしていた教養のありそうなレディーから、こんなことを聞かされたことがある。

それは、日本の家にはどの家にも箪笥《たんす》があるように、イギリスやアメリカなど欧米の家々には、どこにもピアノがある、とのこと。へェーそんなものかと、驚いたというか、感心して聴いた記憶がある。日本はタンス、欧米はピアノか！

ところで、それから後しばらくして、自分は幼児保育の方を一応の専門とするようになり、北欧の国々を中心にしてヨーロッパの保育園をあちこちと歩き回ったのだが、振り返ってみると、ピアノそのものにはほとんどお目に掛かることがなかった。あったとしても、記憶に残らないほどにわずかだったように思う。

メロディーや楽器についての思い出といえば、ストックホルム郊外の園を訪問したときのことだ。園舎の裏側には、緑ゆたかな園庭が広がっている。

ギターとおぼしき音色《ねいろ》と、メロディーに乗った優しい女性の歌声……。見ると、やや年配のレディーと何人かの子どもたちが芝草の上に腰をおろし、先生《レディー》の歌声を楽しんでいる。

何ともうるわしい光景、メロディーの流れる北欧ならではの一幅《いっぷく》の絵だ。30年以上前の忘れ難い思い出の映像である。

ところで、日本の保育界でおなじみの〝生活の歌〟といったものは、北欧ではまず耳にしたことはない。食事を始める際に歌う例の歌などを耳にすると、悲しいかな〝条件反射〟という教科書で学んだ用語を、つい思い出してしまう。

現在では、そんなことも少なくなってきたとは思うが、以前は保育者養成学校ではピアノは絶対的な存在であり、すべての科目の履修を終えても、ピアノのために卒業が延期されるといった話は、しばしば耳にした。

さて、私は思うのだが、人類が歩んできた音楽の歴史と、幼児保育における音楽のありようとを、重ね合わせて考えてみるようにしてはどうか、という提案である。

ジャン・ジャック・ルソーの『言語起源論』に出てくる次の一文は、このことを深く考えていく切っ掛けとなった。


「最初の話し言葉は、最初の歌だった。リズムの周期的で拍子のついた反復、アクセントの旋律的な抑揚は、言語とともに詩と音楽とを生み出した。というよりは、むしろそれらすべてが、その幸福な風土と幸福な時代には、言語そのものにすぎなかった……」

※ルソー著、小林善彦訳『言語起源論』現代思潮社

お互いが呼びかけ合う声や言葉、その時の心に沿っての声の抑揚や節回し、すなわちポエム、メロディー、さらにはシンプルな楽器、などなど。

人類の歩んできた音楽の歴史。そして、赤ちゃんから幼児へ、さらには少年少女への成長に伴っての歌心のふくらみ……。

幼児保育における音楽のありようの探求は、うるわしくもロマンの世界そのもののような気がしてくる。胸が躍《おど》る！

『言語起源論』を書き残してくれたジャン・ジャック・ルソーよ、ありがとう。心から、ありがとう！

「ことばの発達」などという言い回しを今でもまだ耳にするのだが、それは少々おかしいのであって、「会話が豊かになる」といった言い方になるべきだろう。人と人とのあいだで、すなわち保育者と子どものあいだ、あるいは大きな子と小さな子のあいだ等々で、会話は少しずつふくらんでいく。“Dialogue”すなわち生きた言葉の行き交いにこそ、注目すべきである。

○お話

保育所や幼稚園にはいる幼児は、すでに、ほかの人の語る簡単なことばを理解し得る程度に発達している。また、自らも人にわかるやさしいことばをつかい得るようになっている。しかも幼稚園が終るころに、言語習得や言語使用において、著しい進歩を示すものである。

幼児は書かれた文字を通してではなく、話されることばを耳を通して学ぶのである。ことばの抑揚・発音・声の調子・語意・文法等、すべて耳を通して習得するのであるから、常に正しいことばを聞かせてやることがたいせつである。
ささやきにはささやきをもって、大声には大声をもって応ずるものであるから、よい手本を示すことが、幼児に対する正しい言語教育である。それゆえに、幼稚園の時間は、すべて言語の教育に利用することができるであろう。
また正しいことばという意味をあまり狭く解して、おとなの語をいわゆる標準語と考えてはならない。子供には子供らしいことばがあり、地方にはその地方の方言がある。はっきりした声、あまり高くない調子、自然的な抑揚で話してやることがたいせつである。あらあらしいことばは、幼児の情緒を動揺させる。

倉橋惣三の書いたものに「個人対話の教育価値――先生と子供――」という、保育における会話についての一文がある。1924年の原稿だから、100年ほど前の執筆ということになる。この原稿での倉橋の主張は、次のようなものである。

個人対話の教育価値は、数えてみれば随分沢山あるが、その中で一番中心なものは、人間性教育の意味においてしたしみの教育の出来ることである。これは、これ以上説明を要しない程わかりいいことと思うが、私のここにいうのは、個人対話によってその先生とその子供との親しみが出来るということの外に、人にしたしむ心そのものを幼児に養い得るという、一般的教育効果をも考えたいのである。

※『倉橋惣三選集・第二巻』フレーベル館、所収

ところで、自分は大学に付属する園の園長を10年あまり勤めたことや、日本中の園や北欧諸国の園をずいぶんと訪問させてもらったことなどから、倉橋の言う〝個人対話〟、もう少し軽やかに言えば、保育者と子ども一人ひとりとの〝会話〟がごくしぜんに存在し得るには、一クラスの人数は多くても20人を超えるべきではないと思うのだが、いかがだろうか。

ちなみに、スウェーデンの園のクラスの規模は20人には至らず、保育者は1人の担任とアシスタント1人で、合わせて2人である。複数であることに注目しよう。なお、クラスは基本的に“sibling group”（=mixed-age group）である。このことも注目点である。

これならば会話の世界であり、条件反射のためのピアノの乱打や「生活の歌」などは、まるで必要としない。

とにかく、子どもたちを一斉に次の行動に移行させるための日常的なピアノの乱打は、悲しいほどになさけない。子どもに対しても、ピアノに対しても失礼である。

乳幼児保育の営みは、新しい生命の誕生を祝福のうちに迎える、ほほえましくも心あたたまる仕事だと思う。そして今や、世界各地に見られる普遍的な営為になりつつある。

この恵み深い営為に支えられる父母や乳幼児は、70年あまり前までの日本では、わずかな割合にとどまっていた。

そのような状況に対して、重い扉を大きく開き、方法やありようを明るくていねいに示したのが、本書がテーマとした『保育要領』であった、と言ってもよいだろう。事実、重い扉は、以後大きく開かれていった。

〈資料〉１９４８年・文部省『保育要領』（試案）の概要

次のページから掲載するものは、１９４８年３月に文部省から刊行された「保育要領」（試案）の本文部分である。なお、引用は、文部省『幼稚園教育百年史』（ひかりのくに）１９７９年、による。これは、骨子の「本論」部分と、それに関連する「資料」とを合わせると、かなりの分量になる。

そこで、次に掲載したものは、「本論」のうちの時代を超えてもなお有意義と思われる部分に限らせていただくこととした。このこと、ご了承のほど。

なお、〝傍線〟を引いた部分は、筆者が特に注目したいと感じたところである。

なお、本文における仮名づかいについてであるが、戦前の伝統的な書き方から新しいスタイルに変わったころであり、今からすると違和感を感ずるところも多少あるが、当時の事情のことゆえと、ご承知いただきたい。

一　まえがき

昔から、わが国には子供をたいせつにする習慣があるといわれているが、よく考えてみると、ほんとうに幼い子供たちにふさわしい育て方や取り扱い方が普及していたとはいえないであろう。今、新しい日本を建設しようとするときに当たって、幼児の育て方や取り扱いについて根本から反省をし、学理と経験にもとづいた正しい保育の仕方を普及徹底して、国の将来をになう幼児たちを心身ともに健やかに育成していくことに努めなければならない。

のちにしるすように、幼児期には、身体的な方面から、知的な方面から、情緒的な方面から、また社会的な面から、他の時期とは著しく異なつた特質がある。幼児には幼児特有の世界があり、かけがえのない生活内容がある。成人や年長の子供にとっては適当な教育法であっても、それをそのまま幼児にあてはめることはできない場合が多い。幼児のためには、その特質によくあった適切な教育計画がたてられ、適当な方法をもって注意深く実行されることが必要である。家庭においてそうあることが望ましいのはもちろんであるが、更に進んで何か特別な施設を設けることによって、その心身の発達と生長に応じてそれを助長する適当な環境を与えてやり、十分な教育や世話をする必要ができてくる。

幼児が、幼少であることから、それをいたわり守らなければならないこと、ことに身体的な方面の養育に気をつけなければならないことは、すでに誰れでもが知っていることである。最近著しく発達してきた教育心理学は、人の一生における幼児期の重要性、ことにその性格の発達におけるかけがえのない意義を明らかにし、この時期において人間の性格の基本的な型がだいたい決まることを証明している。この期の子供たちに対して適切な世話や教育をしてやるかどうかが、その子供の一生の生き方を決めるばかりでなく、望ましい社会の形成者として、生きがいのある一生をおくるかどうかの運命の分かれみちになる。人と協同して住みよい社会をつくろうとする意欲を持ち、自主的な考えや行いをすることができるようになるには、この期においてどんな環境で生活したか、どんな指導・教育を受けたかが大きな影響を持つのであって、こうした幼児期における教育の重要性が、ともすれば今までは見のがされてきたのである。

すでに学校教育法では満六歳から十五歳までの義務教育が定められ、その完全な実現もそう遠いことではないが幼稚園も新しい学校教育法により、学校の一種として、すなわち正式の学校教育の系統の出発点として、はっきりした位置を認められることになった。これは、小学校入学前の幼児期に対する教育の機関が必要なことを世人が理解し、それへの関心が高まったことを意味するものであるが、ほんとうの普及発達は、これからの問題であり、われわれがそれぞれの立場で努力していかなければならない問題である。幼稚園は、学校生活・集団生活に幼児を適応させるように導いてその生長発達に大きな影響を及ぼすものであると同時に、幼児期に適切な、それ独自の意義と使命を持った教育施設として必要であることを見のがしてはならない。学校教育法第七十七条に「幼稚園は、幼児を保育し、適当な環境を与えて、その心身の発達を助長することを目的とする」とある趣旨をよく体して、第七十八条に示してある諸目標の達成につとめなければならない。また「学習指導要領一般編」の第一章「教育の一般目標」にあげてある諸目標が、同時に幼稚園にもあてはめられる。教育基本法に掲げてある教育の理想や、学校教育法に示してある幼稚園の目的や、その教育の目標や、教育の一般目標など、こうした社会の要求をはっきりわきまえ、その実現につとめなければならないと同時に、この目標に向かっていく場合、あくまでも、その出発点となるのは子供の興味や要求であり、その通路となるのは子供の現実の生活であることを忘れてはならない。幼児の心身の生長発達に即して、幼児自身の中にあるいろいろのよき芽ばえが自然に伸びていくのでなければならない。教師はそうした幼児の活動を誘い促し助け、その生長発達に適した環境をつくることに努めなければならない。そのためには、教師は幼児期の特質をよくわきまえ、ひとりびとりの幼児の実情を十分に知っていなければならない。このように幼児期の特質に即した方法で教育の目標を達成していくことが必要で、幼児をとりまく直接の生活環境に順応せしめることが、幼児教育の使命である。

幼稚園以外にも、社会政策的な見地から幼児を保護し、勤労家庭の手助けをするための保育所・託児所等をはじめ、いろいろな幼児のための施設がある。これらの施設においても、その預かる幼児に対して教育的な世話が絶対に必要なのである。教育的な配慮や方法をもってなされない保護や収容は、かえって幼児の健全な生長発達を阻害することになることが多い。

一般の家庭において母親が幼児を育ててゆく場合も、全く同じことである。できるだけ幼児の特質に応じた適切な方法をもって、子供の養育に当たらなければならない。

こうした、幼稚園における教師や、いろいろの施設において幼児保育に当たっている人々や、家庭の母親たちは、幼児の特質がどんなものであるかをよくわきまえ、それに応じた適切な教育や世話のしかた、その他それに必要な設備や道具や材料のことなどについて十分な理解を持たなければならない。更に進んでは、あらゆるくふうをこらして、幼児に最もふさわしい環境をととのえてやり、その生長と発達を助ける実際の方法について十分習熟するように努めなければならない。しかし、現在の日本の実情では、すべての家庭が教育的かつ衛生的に子供を育てることができるとはいえない。そこで、幼稚園やその他の幼児のための施設、教師や保母がいままで以上にその識見を向上させ、その技能を高めていくことが必要となるのである。本書はこれらの人々のためにできるだけ役立つように編集されたものであり、同時に母親たちにもその育児について貴重な参考となることを信じている。そして学校教育法施行規則に示してあるように、本書が幼稚園の教育の実際についての基準を示すものであり、これを参考として、各幼稚園でその実情に則して教育を計画し実施していく手びきとなるものである。

幼児に対する既存の教育施設を向上させるだけでなく、他の種類の施設を利用したり、特別な設備はなくても、できるだけ親切な愛育の手を幼児たちにさしのべることに絶えず努めることが望ましい。たとえば、他の学校の放課後の建物や設備を利用して、幼児たちを集めて楽しい一時をおくらせたり、いろいろの方面の世話をしてやったりすることもできるであろう。あるいは、一週のうち日と時刻とを定めて、安全で衛生的な場所に、その長くない時間、近所の幼児たちを集め、そこに幼稚園の教師や、保母や、あるいは有志の人々が定期的に出向いて行って、子供たちの遊びを指導したり愛護の手をさしのべたりするようなこともできる。あらゆる機会を利用し、できるだけのくふうをこらして、幼児たちに充実した生活をおくらせ、健やかな成長をとげさせるように努めたいものである。

幼児のことに関心を持っている教師や保母や母親たちが、心から幼児に対する深い愛情に燃え、幼児のために天国のように暖かく楽しい環境をととのえようとする熱意に満たされていることが、いっさいの根本であることはいうまでもない。あなた方の清らかな愛情からわき出た献身が、将来の明かるい日本のいしずえを築くのである。

二　幼児期の発達特質

二歳ないし六歳の幼児の発達の特質を身体的発育・知的発達・情緒的発達・社会的発達の四項に分けて表示すると次の通りである。身体的発育の中には、身体的な面と運動的な面とを特に分けて示した。この表は発達の標準を示すものであるから、個々の幼児については個人差が認められる場合が多い。また発達の各側面について見ると、一側面のみ発達が進んでいたり、一側面の発達が遅れていたりする場合もある。円満で調和のとれた発達を助長し、その幼児として最高度の発達を図るようにすべきである。発達の程度は、実践的指導の基礎として、その他いろいろの活動や経験において、常に考慮されなければならない点である。

この時期の幼児たちは、主として家庭がかれらの生活環境である。けんかをしてもその解決は家庭までも ち帰られ、多くの欲望を充たすのも家庭である。家庭のかれらに及ぼす影響は著しく大きいと言わなければならない。しかも、その家庭はそれぞれ異なったものであるから、発達のそれぞれの面において著しい個人差を来たすことは当然である。したがって、次に示した表はあくまで標準的なものである。殊に、知的発達や社会的発達において幼児の個人差は著しくなるであろう。

※幼児の心身の発達特徴を示す「表」「説明」は省略

三　幼児の生活指導

1　身体の発育

1、健康な生活を子供にさせるように努めよう。

幼児を保育するに当たって、最もたいせつなことがらは、年齢相応に精いっぱいの発育をさせ、健康な生活をさせるようにする事である。そのためには、幼児の生活全体にわたって健康な生活ができるように考慮し、指導することが望ましい。よい環境をととのえ、十分な栄養を与え、適当な運動をさせ、十分な休養と睡眠とをとらせ、病気の予防に万全の措置をとり、健康のよい習慣をつけるように努力しなければならない。

2、病気の徴候を注意深く観察して、決定的処置をすぐにとるようにしなければならない。

幼児は体力も免疫力もともに弱い。幼稚園や保育所はこのような幼児が集団生活を行うのであるから、不注意に過ごすと病気をうつし合う場所となるし、またこの時代の幼児にとっては、ちょっとした病気でも重大な影響のあることを忘れてはならない。入園のとき、幼児の病歴、ことに・はしか・百日ぜき・耳下せん炎・ジフテリア・水痘について詳しい調査をしておくことが必要である。また病気は早期発見が最もたいせつであり、同時に、決定的な処置を直ちにとること、ことに伝染性の病気については早期の隔離が、絶対に必要である。

3、毎朝幼児の健康と清潔を調べよう。

幼児が登園したら、まず第一に健康状態と清潔の状態とを調べよう。病気の早期発見と感染予防のためには朝の検査が最もたいせつである。検査では、元気・顔色・血色、皮膚の張り、動作、眼球の光沢と動き、のどのかげん、目やにの有無、せきの有無、皮膚の色つや等に気をつけ、のちに述べるような伝染病の早期徴候にもよく注意する。また衣服ことに下着や手ぬぐい・皮膚・頭髪・つめの清潔について調べる。着物の着せ過ぎにも気をつけて観察し、温度に応じて調節してやり、ことに厚着をさせないように注意する。そして異常を認めたら、すぐに適当な処置をとり、ことに伝染病の徴候を発見したときには、すぐ帰宅させて適当な処置をとらせるようにしなければならない。

4、けがに気をつけよう。

片時もじっとしていないのが幼児の本質であるから、かすり傷・突き傷・きり傷などの絶えまがないのが普通であるが、まずよけいなけがをさせないように、遊具の故障や、庭や、砂場などにけがのもとになるガラスの破片などのないように気をつけなければならない。けがをしたら最初の手当てがたいせつである。どろ、その他の不潔なものがついていたら、オキシフルまたはほう酸水でよく洗い、ていねいにふきとって、その後にマキロクロームをつけておく。深い傷や大きい傷のときは、包帯をするが、浅い小さい傷のときはかえって包帯などしない方がよい。

2　知的発達

1、すべて子供のすることには、子供なりの目的があることを念頭に置かなければならない。

子供が一生懸命になって何かしているとき、おとなの目から見ると、一体何をやっているのかわからなかったり、まことにつまらないことをやっているように思えることが多い。それは何かするときのおとなのつもりと子供のつもりとが互に食い違っているからである。どろこねに夢中になっている子供を見て、おとなはつまらないことをやっていると思うかもしれない。子供が一生懸命になって作る土のだんごは、おとなの目から見るとなんだかえたいの知れないものであるために、なんだこんなものと思ったり、子供をからかったりすることがある。しかし、子供のしていることは子供にとっては真剣な仕事でありはっきりした目的を持っているのである。子供には子供としてのつもりがあり、目的がある。この子供の心に有る目的にそって、子供が自分の考えを発表するようにさせることが、子供の心を成長させる道である。大げさに言えば、計画的能力の発展であり、このような計画的能力こそ知的成長の最もたいせつな基礎である。このような意味でまず、子供には子供のつもりがあり、目的があるということを、何よりも先にはっきりと理解し、これを成長させるように子供を導いて行くべきである。

2、子供自身の中からわきおこってくる興味から出発した経験をさせるように、子供とともに考えよう。

子供は興味にしたがって動く。興味のあることには夢中になって自分を打ちこんで遊ぶ。興味のないことに対しては動かない。絵の好きな子供は夢中になって絵を描き、積み木の好きな子供は一生懸命に積み木を積む。また同じ絵にしても、自動車の好きな子供はしじゅう自動車ばかり描いている。そして、興味のないことは見向きもしない。子供は自分を動かすことによって、自分で活動することによって成長するものであることを考えれば、子供たちの動きを引き出す原動力になる興味こそ、子供を成長させる最もたいせつな要素である。子供の遊びも活動も、すべてこのような子供の心から出る自然の興味から生まれ出るものであるから、それにしたがって、子供自身の発意を尊重し、子供とともに、遊びの計画をたてるようにしたいものである。しかし、一方から考えると、子供の興味はその向くところが非常に限られている。そのままにしておくと非常にかたよった心の子供ができてしまう。このことを避け、いろいろなものに興味を持つことのできるような、調和のとれた子供を作るためには、子供がいろいろなものに対する興味を持ち、またその興味をひきおこすことができるように、子供の環境を豊かにととのえることが望ましい。

3、おのおの子供が教師の言うことや話し合いをよく聞き、よく理解するようにしなければならない。

教師や親は、子供に話しかけるとき、自分の言っていることや話し合っていることを、子供がよく聞いているか、ほんとうにわかっているかどうかを確かめなければならない。五歳の子供でなければわからないようなことを三歳の子供に言っても、理解されないであろう。またわからないから、いいかげんに聞くようになるものである。また子供が何かほかのことに夢中になっていて、こちらの言うことに十分注意を向けて聞く態度ができていないのに話しはじめても、理解されないのは当然であろう。いつでも教師や親は、自分の言いたいこと、話し合いたいことの趣旨が子供に徹底するように話すという注意を怠ってはならない。ひとりのみこみや、早合点は正しい知識にならない。また全然わかっていないことがらが知識にならないことはいうまでもない。聞く態度と正しい受け取り方ができるように子供をしむけることは、正しい知的成長の必要条件である。

また、これと同じことはおとなの側にも要求される。子供の言うこと話すことに対しては、おとなもそれをよく聞いてやる態度をとることがたいせつである。おとなの方で早合点をしたり、いいかげんな聞き方をしたりすると、子供もやはり、早合点したり、いいかげんな聞き方をするようになるものである。

4、子供が自立の習慣を身につけるようにしてやらなければならない。

どんなことでも自分自身でやることが、子供の身についた力となる。ひとにたよって、ひとにしてもらうことは、ひとに考えてもらうことであって、子供が考えることにならないから、子供自身の成長のかてにならない。自分でするということは自分で考えることである。自分で考えることによってはじめて子供の心は成長する。積み木をして遊んでいる子供は自分で積むことをしなければならない。自分で最後まであとかたづけをすることによって、きちんとすることを学ぶのである。

遊びにも生活にも、すべてのことを最後まで自分ひとりでやりとげるという自立の習慣を養うべきである。自立の習慣は、自分の世界を自分で作る習慣であって、子供の知的成長にとって重要なことがらである。今までの幼児保育、ことに家庭教育をふり返ってみると、子供を盲愛して、いつまでも赤ん坊扱いをしていたことを反省しなければならない。

しかし、この場合子供の発達の程度を考慮して、かれらの能力以上のことを要求してはならない。子供の年齢とかれらの能力の限界をはっきり認識することがたいせつである。

5、どの子供もみんないっせいに同じことをするというのは望ましいことではない。

子供はみなめいめいの個性を持っている。知的能力についてもそれぞれ特徴がある。絵の得意な子供もあれば、粘土細工の得意な子供もある。絵本を喜ぶ子供もあれば、歌の好きな子供もある。運動の得意な子供もあれば、談話を楽しむ子供もいる。子供めいめいの興味を生かし、その特徴を最大限に伸ばしてやる点から考えれば、多くの子供たちに同じことをするようにしいる保育のやり方は、反省されなければならない。このような保育は、せっかく持っている個性を無理に一つのわくにはめこむことになり、各自の特徴を伸ばすことができないからである。個性に応じて、おのおのの子供の持っている知的能力を十分に発達させるために、それぞれの興味に最もよくかなった自由な活動が許される機会が与えられなければならない。

6、どんな小さい子供でも、機会さえ与えられれば、自分で考える力を持っていることを認識しよう。

どんな子供でも、自分がどうにかしなければならない立場に置かれ、またしたいと心から欲する立場に置かれれば、おのずからおとなを驚かせるような思考力を発揮するものである。高い所に乗っているお菓子をとりたいと思うときには、三歳の子供でも踏み台を持って来ることを知っている。遊具の乏しい環境にある幼児たちは、有り合わせの木片や石ころを利用して、いろいろと遊び方をくふうする。積み木で門を作ろうとしている三歳の子供は、はじめのうちは二本の柱の上に平らに積み木を渡すことがなかなかできないが、やがてくふうして門を作り上げる。自分で考え、自分で考えを発展させて行く機会を与えるような環境を作ってやる必要がある。それが子供の知的発達にとって最も望ましいことである。機会さえ与えられれば、子供は十分考える力を持っていることをわれわれは認識しよう。

7、子供に責任を持たせよう。

生活の責任を持つということは、自分で始末し自分で処理できる世界を持つということである。子供の能力はこのように自分の力で切り開いていく世界の中で、はじめて発達することができる。食事のことも、排便のことも、すべて自分できちんと始末するだけの責任を持たせよう。おもちゃのあとかたづけも、着物の始末も、帽子やはきものの始末も、自分で責任を持つようにさせよう。三歳の子供なりに、四歳の子供は四歳の子供なりに、子供の発達に応じて、すべての生活の責任を持つようにさせよう。どんなに簡単なことであっても、子供自身の責任の範囲を定めて、生活の責任を持たせるように、親も教師も考えなければならない。

3　情緒的発達

1、安定感が何よりもたいせつである。

情緒の発達から考えて最も望ましいのは、円満な、調和的な情緒を持った子供を育てることである。このような情緒は、幼児が自分の環境に安住していられるとき、すなわち安定感が十分にあるときにはじめてつちかわれる。乳児は、母のひざ上にいるとき最大の安定感を持ち、家庭のふんい気が落ち着いたものであれば、家庭にあるとき最大の安定感を持つ。幼稚園や保育所にある子供の口からおのずから歌がもれて来るならば、それは安定感のあるしるしであろう。そしてこの意味からいって、教師も親も子供の環境の一部として、最大の安定感として与えられることが必要である。そのためには、教師や親は、不安のない、確固たる自信を持った円満な教育者でなければならない。子供は周囲の者の感情的動揺に実に敏感だからである。

2、ほんとうに必要な場合に必要な同情。

同情心は、人が困っているときか、自分より小さい弱いものに対するときに起きる。いいかえれば自分より低い状態にあるものに対して起きる情緒である。自分が非常に困っているときとか、どうしたらいいかわからないようなときには、幼児は周囲の人に同情を求める。しかし、泣けばすぐに手を貸してやるというような安易な同情心はほんとうに必要な同情心とはいえない。泣いている子供、困っている子供があったら、泣いている原因、困っている原因をよくつきとめて、心からの同情をもってその困難を克服してやる。そうしてその場合には十分の同情心を示してやらなければならない。同情心は幼児の心に同情心をつちかい育てるものとなるのである。

3、健全な愛情。

母親であっても教師であっても、幼児を育てるものは、愛情を持っていなければならない。愛情を持たない者は母としても教師としても資格がない。しかし、この愛情は決して単なる甘やかしや盲目的な愛であってはならない。おもちゃがほしいといって泣いている子供に、かわいいからといって、すぐにおもちゃをとってやるというのは甘やかしである。子供の置かれている状態と子供の心の動きとを考え合わせて、そこに表わされる愛情には健全な量が必要である。甘やかしや盲目的な愛は、育てる側のおとなの自己満足であって、幼児の情操の健全な発達には、かえって大きな妨げになることがある。そこには真に子供のためを考える理性が伴なう必要がある。

4、忍耐と冷静の必要。

幼児の理解力はおそく、またその行動もにぶい。おとなや大きい子供の心持をもって対するときには、とかく性急になりやすい。幼児の場合、まっすぐに近道を通って行けないことが多い。しばしばまわり道が必要である。ゆっくりと、落ちついた気持が何よりもたいせつである。一生懸命に自分でボタンをかけようとしている子供ののろさを我慢しきれないでせきたてては、子供はいらいらしてしまう。忍耐と冷静をもって指導することは、子供の情緒の健全な発達のための基礎条件の一つである

5、むずかしいことが起ったとき、感情的な態度をとってはならない。

何か事件が起って、思う通りにいかないとき、子供は困惑し、恐れ、心配し、かんしゃくを起し、泣く。このようなとき、もしそばにいるおとながあわてたり、怒ったり、心配したりして、感情的に興奮してしまうならば、子供もまた同じように興奮してしまって、始末におえなくなる。子供は周囲のおとなの感情にその

まま支配されてしまう。おとながあわてると子供もあわてる。おとなが恐れると子供も恐れる。おとなが怒ると子供も怒る。そういうことでは静かに子供を指導してゆくことができない。子供に接するときには、感情的態度をとらないように努めなければならない。

6、幼児は常にやわらかいふんい気の中に置かれなければならない。

幼児は、被暗示性に富むから、周囲の感情的ふんい気に同化されやすい。周囲のふんい気が、いらいらした、とげとげしいものであると、幼児は円満な調和的な感情の持主には決してなれない。両親も教師も、いつもなごやかな心持とやさしい行動とを持つように心がけなければならない。やわらかい親しみのある調子の話し方、物腰やさしい行動が望ましい。家族の間が不和でとげとげしかったり、絶えず緊迫したふんい気の中で育つ子供は、感情的調和を養われ得ない。

7、性急で無理な要求を押しつけてはならない。

幼児が何かしているとき、幼児には幼児の立場がある。外から見てはわからない原因でおこっていることもあろう。またおとなから見ればなんでもないことに困って泣いていることもあろう。しかし、幼児にはそれぞれ理由があり、立場があるはずである。教師がその場面のもつれの原因を捜し出して、その障害となっている原因をとりのぞいてやることがたいせつである。幼児には、その幼児の置かれている立場のもつれを、ゆっくり丹念にほぐしてやる心持で対さなければならない。おとなの考えで押しつけがましく、無理な要求をすることは、ときには反抗心を助長し、ときにはかんしゃくを誘発し、またときにはいじけた心を作り上げるであろう。

8、遊びや活動を途中でさえぎり、じゃますることは心して避けなければならない。

積み木を積むにも、砂遊びをするにも、子供はそのことに精いっぱい自分を打ちこんでいる。子供は自分の興味の向かうものに自分を打ちこむのである。ところがこのようなときに、おとなはとかく自分の都合から、子供の遊びや活動をさえぎってやめさせたがる傾きがある。このようなことは、子供の心とからだの全活動をさえぎり、押さえつけてしまうことであって、決して子供の心を完全に発達させることは望めない。せっかく伸びようとしている子供の心が、探求の芽が、自発的な活動が、みな途中で打ちくだかれてしまうのである。せっかく周囲の世界に対して芽ばえかけている興味をへし折られてしまうのである。もしこのようなことがくり返されるならば、何を見ても興味の動かない子供、何も熱心にしようとしない子供になってしまう。心の成長はゆがめられてしまうのである。但し、子供の一日の生活の中で規則として定められたこと、たとえば食事というようなことに対しては、その規則にしたがって遊びをやめるようにしなければならない。その場合は、子供の興味が最高潮に達しないうちに、あらかじめ心構えをつくらせておいて、やめさせるようにすることが必要である。

9、子供の生活指導には一貫性が必要である。

そのときどきの感情にそこなわれたり、自分の教育方針に対する自信の不足や、他の人からの干渉のために自分の方針を一貫し得ないときには、子供の情緒の発達に好ましからぬ影響が現われてくる。一度いけないといったことであっても、子供が泣きわめくからといって子供の言う通りにしてしまうと、それはかんしゃくの原因になる。いけないといったことが、教師や親のそのときどきの気分によって違うと、子供は言うことを聞かなくなる。また、甲の先生と乙の先生とで言うことが違っているというようなこともよくない。子供は自分に都合のいい人の言うことだけを聞くようになる。すべて抵抗の弱い所へおもむくのが子供の動きである。やわらかい、やさしさとともに、一貫性の強さのあることは、子供の情操の健全な発達の上に最もたいせつなことである。

4　社会的発達について

1、子供に接する者の生活態度は、絶対に公明であり正直でなければならない。

子供は自分のまわりにいる者の生活態度をそのまま反映する。そして民主的社会生活の基礎はお互の生活と行動が公明であり正直であるところにある。だからこの基礎的な社会的生活の態度を子供に養うには、ただ子供に公明であれ、正直であれと口で言うのみではいけない。親も教師も、自分自身の生活態度において、また子供に対する態度において、絶対にごまかしのない、公明正直な態度を持たなければならない。不公明、不明朗、不正直な生活態度は、子供にもまた不公明、不明朗と不正直とを植えつけるであろう。

2、いつでも静かな快い調子で話をする。

おだやかな明かるい快いふんい気の中で生活すると、子供は明かるく、気持のよい子供となる。社会生活をする上に、ことばは重要な用具である。お互の社会的交渉はことばでされ、ことに話しながら相互の意志を通じさせるのである。話し声、話す調子はその場のふんい気をかもし出すのに一番たいせつであるから、平和な静かな調子で話すことがたいせつである。

3、お互の権利と特権を尊重してやらなければならない。

社会生活においては、お互の権利を尊重し、お互の立場を認め合うということが一番たいせつである。子供に対しても、その子供の立場、その子供の権利は十分に尊重してやりたい。子供の権利がいつでも押えつけられているということは、その子供から自己主張、自己表現の機会を奪う事に等しい。よき自己主張と自己表現とを身につけさせるために、親も教師も、子供たちの生活の中にでき上がっている子供たちの特権、たとえば先着者の特権、お当番の特権等々も十分尊重してやり、お互の立場を尊重するという社会生活の根本態度を、生活を通して身につけさせるようにしよう。

4、いつも肯定的な言い方をしたい。

子供に対していろいろの注文を出し、命令を出すときには、できるだけ肯定的な言い方をしたい。あれもいけません、これもいけません、だめですよというように、いつも否定的命令のみで囲まれている子供は、どうしても消極的な、いじけた子供になりやすい。悪いところを捜し出して、これを押えつけるというよりも、よい所を見つけて、これを積極的に伸ばすことを考える方が、子供の生活を明かるくし、成長させることができる。明かるく積極的に成長することによって、悪い方面は自然に消滅する。

5、日常生活の日課においては、早く完全に自立させるようにしよう。

身のまわりの始末を自分できちんとし、いつまでもまわりのおとなにたよらない生活を、できるだけ早くさせるように子供たちにしむけよう。いつまでも身のまわりのことでおとなをわずらわしている子供は、それだけ依頼心が強い。自分の生活をおとなにたよっているからである。独立した、自分の生活を自分でやって行く自立的生活態度は、まず身のまわりの始末の訓練を通じて養うことができることを考え、なるべく早く自立の習慣を養うように心がけたい。

6、できる限り子供が自分で選択をするようにさせよう。

遊びでも、生活でも、すべてでき得る限り、子供が先に立って自分で選択をするようにさせたい。自分で選んだことは、その結果がよくても悪くても、すべて自分の責任である。自分で選ぶことはこの意味で、最も自立的な生活態度の一つの要素である。まず自ら選ぶこと、そしてその結果を自分で切実に体験すること、この自主的生活態度を身につけさせるために、あらゆる可能な機会に自分で選択するようにさせよう。

7、子供が泣いたり、かんしゃくを起したりすることで、わがままを通すことのないように気をつけたい。

思うようにならないからといって泣き、かんしゃくを起してわめいたり、ひっくり返ったりする癖の子供が多い。このようにさわぐ子供に、さわぐからといって、わがままを通させると、それは癖になってかんしゃく持ちになる。子供の言い分を通してはいけないことがらは、どのように子供がさわいでも、そのわがままを通させないように、気をつけなければならない。かんしゃくの癖を起さないようにすることは、自制力を身につける第一歩である。

8、めいめいの子供をよく知り、その子供に最も効果的な扱い方をしよう。

子供はめいめい違う個性を持っている。甲の子供を扱うのと、乙の子供を扱うのとでは扱い方が違わなければならない。甲の子供によかった方法でも、乙の子供にはきき目がないかもしれない。否、きき目がないというより害があるかもしれない。明かるい性格の子供を扱うのと同じ方法で弱い性格の子供を扱うと、いじけてしまうであろう。めいめいの子供に最も効果的な方法をとって、ひとりひとりの子供をよくするように心がけよう。

9、子供がまちがったことをしているのを直してやるときには、できるだけそれがあやまった結果であることを子供にわからせるようにしよう。

まちがったことをしたら、その結果悪いことが起るから、私どもは子供の行動を訂正してやらなければならないわけである。だから、せっかく子供の行動を直してやっても、なんのためにそうされるのかが、子供にわからなかったら、私どもの訂正はきき目がないことになる。そこでこのきき目を最も十分ならしめるためには、子供の行為の結果、悪いことが起ることを子供に十分わからせるように、まちがいの結果をはっきり子供の目の前に示すことがたいせつである。

10、まちがいを直してやることが必要な場合には、できるだけ早く直してやらなければならない。

子供がまちがったことをしていたら、できるだけ早くそれを直してやらなければならない。まちがいがまちがいのまま固まって、しじゅうまちがいをくり返すという結果になるのを避けることが、その第一の理由である。そして第二には、子供のやったことと、その結果であるまちがいの訂正との間に時がたってしまうと、その訂正がなんのためになされたのかがわからなくなり、結果と原因との結びつきが子供に十分意識されなくなるからである。訂正の効果を適確にするためには、できる限り早く訂正を加えてやることがたいせつである。

11、子供に何かさせようとする時には、そのことの必要さを確かにしなければならない。

どうでもいいことを子供に要求してはならない。何かさせる時には、そのことが十分必要であることを自分も確かにつかんでおり、またその必要さを子供に十分納得させなければならない。どうでもいいことでは行われない。行われない要求をしじゅう出していたら、命令や要求の意味がなくなり、だんだんこれを軽んじて、ついにはいっこうにいうことをきかなくなるであろう。要求や命令は必ず必要のあることを出し、その必要さのはっきりしたものでなければ出さないようにしたいものである。

12、子供に接する者は、いつも子供のほんとうの友だちになるように努めるよう。

子供に接するものは、いつも子供のいる所まで降りて行って、子供の世界にはいりこめる者であってほしい。子供のほんとうの友だちになって、はじめて子供とともに、子供を引っぱって行くことができるからである。

四　幼児の生活環境

幼児の成長発達は環境のいかんに強く依存するものである。家庭環境、遊びなかま、一般の社会環境等の要素が集まって幼児の生活環境をなし、それから種々の影響を受けて成長するのであるから、よい環境を備えて、豊かな生活経験を与えることがたいせつである。

ここでは主として幼稚園として整えるべき、物的な方面についてのみ述べたい。幼児の遊ぶ場所の設備が完全で豊富な遊具に恵まれているかいないかは、子供の身体的、知的、情緒的、社会的発達に大きな差をきたすものである。広い場所、遊具の十分備わった所では、幼児は長時間楽しく愉快に遊ぶことができるのみならず、種々のことを経験し学ぶのである。

1　運動場

運動場は日光のよく当たる高燥で排水がよく、夏には木陰があり、冬は冷たい風にさらされないところを選ぶ。できるだけ自然のままで、草の多い丘があり、平地があり、木陰があり、くぼ地があり、段々があって、幼児がころんだり、走ったり、自由に遊ぶことのできるような所がよい。

へい、囲いに添って、一メートルくらいのコンクリートの道路を作ると、三輪車その他車輪のついた遊具で遊ぶのによく、また梅雨期に雨のあがった時にもすぐ遊ぶことができる。

周囲をへいで囲うことがたいせつである。幼児は囲いのないために外にとび出して遊び、迷い子になったり、輪禍に会ったりすることがあるからである。

幼児がよく集まって遊ぶすべり台、ぶらんこ、砂場、ジャングルジム等は相互にじゃまにならないように離れたところに置くとよい。大勢が集まって遊ぶところであるから、夏は木陰となり、冬は日光が十分当たるように落葉樹を植えるとよい。

建物の南側の所をコンクリートで固めると、室に砂ほこりがはいらず、衛生、清潔の点からもよく、雪どけ、霜どけ期が長い地方では、コンクリートの所を広くとると、人形遊び、積み木、ままごと遊び等をするのに最適である。但し、コンクリートで敷きつめた所だけしかない運動場は幼児向きでない。

子供は高い所に上るのが好きである。庭に小高いところがあるとよい。運動場の一角に小山を築き、その中に直径半メートルぐらいの土管を敷いてトンネルを作ると、子供はその中をくぐり歩けるのでよろこぶ。

花畑、菜園、幼児にはできるだけ自然の美しさに親しませたい。それには日当たりのよい運動場の一部を花畑、菜園として野菜や花を作り、それを愛育するようにしむける。まく種については、夏休み中に開花するものはまかないように注意し、早く花が咲き実の成るものが幼児向きである。また育ちやすいものがよい。

だいず・トマト・だいこん・こまつな・かぶ・とうもろこし・ヒヤシンス・チューリップ・ダリヤ・絹糸草・百日草・ひまわり・矢車草・すみれ・菊・すいせん等が適当である。土を耕し、種をまき、苗を植え、水をまき、除草し、手を尽くした結果咲き出す花をよろこぶ。かくして花を愛するやさしい心や、成長を観察する力が養われ、自然に対する興味が深まり、豊かな人間性が約束される。

池を作って金魚・こいを飼育し、かえる・おたまじゃくしの成長を観察させ、また夏はこれをプールにする。

2 建物

東南に面し、通風、採光に注意し、衛生的な平屋で家庭的な感じを与えるものが望ましい。東南面の窓を大きくして冬の保温に注意し、窓の面積は床面積の四分の一以上でありたく、窓から外が見られるように下を低くし、長辺が南の運動場に面していると理想的である。非常用に、入口は二つ以上必要である。廊下は二メートル半から三メートルの広さをとると使いやすく、ここでは種々の活動ができる。

遊戯室　自由に活動ができるよう十分広く、ひとりに一メートル四方ぐらいあるとよい。活動的な遊戯のほか、童話・音楽・観察、また時に儀式・会合等もここでできるようにし、また食事、午睡のためにも使用することもあるから、寝具戸だな、積み木のたな等の設備があるとよい。

その他、幼稚園には組別の保育室・玄関・便所・洗面所・食堂・調理室・応接室・衛生室兼職員室を設ける。余裕のないときには、同じ室をいろいろの目的に利用する。

便所は保育室・遊戯室・運動場に近く、明かるく清潔で、使用しやすくすべきである。便所は十人に一つの割にあるとよい。

洗面所には洗面台を壁に、または中央に向かい合って使用できるようにとりつけ、壁にタオル掛け・ブラシ掛けを備え、歯ブラシ・せっけん入れ・くし・コップ等を入れるロッカーを作る。ロッカーの底は少々こう配をつけ、排水と清潔に気をつける。洗面器は八人に一個の割に備えられると理想的である。

調理室は衛生に注意し、食堂と隣接させる。換気をよくし、壁・床は水洗いのできるもので、清潔を第一とする。使いやすいような設備と配置がたいせつである。調理台の高さは低すぎないように留意し、上部は強く、清潔の保てるもの、木の場合はアマニ油とテレビン油を半半にまぜて煮立たせたものをていねいに塗りこむと、防水・防熱となり、油のしみもつかない。

台所用具及び保存食料・野菜を入れる戸だな、たな等をつくる。流しの下を利用して、くぎを打ってフライパンや大コップ等をつるようにし、保存野菜は床下を利用するとよい。病気の伝染を防ぐため皿洗いには特に注意し、調理と皿洗い用と別々の流しをつくる。

床は、床の上で過ごす時が多い幼い子供のために、あまり固すぎず、暖かく、衛生的で、清潔を保つことができるよう考慮すべきである。

壁の色は淡灰色・淡黄色等温色の薄いものを用いる。天井は白くするが、純白は光線を反射して目のためによくない。床より壁、壁より天井と、上になるほど色が薄くなると落ち着いた感じの室となる。幼児が本を見たり、絵を描いたりする時、直射日光が目にはいらないように日よけが必要である。

掲示板　できるだけやわらかい板を用いたり、またはコルク・ラシャ布を張って、子供の自由画や製作品、母親への通知等を掲示するために、ぜひほしいものである。

黒板　壁にはめこんだ黒板は、幼児に最も人気がある。床から半メートル上にすると、幼児が大きい絵を描くのによい。

絵画、装飾はすべて上品で、題材は子供向きであっても芸術的な美しいものでありたい。あくどい色彩、下品な装飾の室に生活しなれると、下品な趣味になり、乱雑な室飾りの中に育った者は、だらしのない生活をするようになりがちである。

机は巻末に示す図のような長方形の小さいものが便利である。必要に応じて正方形にも長方形にも、いろいろの形にして使用できるからである。机は持ち運びの楽なようにあまり重くないものがよいが、安っぽい感じを与えるものでないように注意しなければならない。机は工作の時も食事の時も用いられるから、水でふくことのできるようなものがよい。

いす　定員教より数個余分に備えておく。いすの高さは三種類ぐらい、あまり小さくなく、巻末に示す図のようなのがよい。

戸だな　室内に、たな・戸だなをできるだけ多く設け、便利に整とんしやすく設計し、幼児の遊びのじゃまにならない所に置く。教材を入れる戸だな、不用品戸だな、季節はずれの物をしまう戸だな、そうじ用具入れ戸だな、陳列戸だな、おもちゃ戸だな等、たくさんあれば便利である。おもちゃ・絵本・紙・大工道具のように、幼児が常に用いるものは、幼児用戸だなとして低い戸だなとし、大きい物を入れる戸だなは大きく、適当に区切って、幼児が使いやすいようにしておく。

3 遊　具　省略

五 幼児の一日の生活

1 幼稚園の一日

幼稚園における幼児の生活は自由な遊びを主とするから、一日を特定の作業や活動の時間に細かく分けて、日課を決めることは望ましくない。一日を自由に過ごして、思うままに楽しく活動できることが望ましい。そして、その間に教師は幼児のひとりひとりに注意を向けて、必要な示唆を与え、個個に適切な指導をし、身体的にも、知的、感情的にも、社会的にも、適当な発達をはからなければならない。幼稚園の毎日の日課はわくの中にはめるべきでなく、幼児の生活に応じて日課を作るようにすべきである。次に標準的な一日の保育の内容を考えてみよう。

登園――風通しよく窓の開かれた保育室、気持よく清掃され、すべての遊具等が適当に配置されている庭に、先生の笑顔に迎えられて幼児が登園して来る。

朝の検査――教師は登園して来た幼児の顔色・目つき・皮膚の異常の有無を調べ、熱があったり、かぜ・百日ぜき・はしか等の伝染病の疑いのある時は直ちに帰宅させる。

自由遊び――朝の検査が済んだら、園庭や保育室で幼児にとって楽しい自由な活動が始まる。幼児が思う存分全身を動かして愉快に遊び、のびのびした精神と身体を養成することができるように十分な設備を整えておく必要がある。また教師はこの時間に幼児の個性をよく知り、各自に必要な指導を与えるべきである。

幼児を一室に集め、一律に同じことをさせるより、なるべくおのおのの幼児の興味や能力に応じて、自らの選択に任せて自由に遊ぶようにしたいものである。興味のないことがらを教師が強制することは好ましくない。自己表現・自発活動を重んじ、草花の栽培、動物の飼育やそうじの手伝い等を楽しむ習慣をつけなければならない。

間食と昼食――間食と昼食の前には、必ず手を洗わせ、うがいをさせ、台ふき、弁当運びなどをさせる。食べる場所は保育室に限らず、遊戯室も用い、また気候のよい時節には、園庭や近くの公園などに、木陰を求めて食事をとらせるのも、幼児たちを楽しませる。いずれにしても、ゆっくり、静かに話し合いながら、楽しい食事をさせるのがよい。

間食は、午前はくだもののジュースやくだもののような軽いもの、午後はできれば牛乳などの少しおなかにもつものにして、日に二度与えるのがよい。

給食することがむずかしければ、手近にととのえられる材料をじょうずに使って、暖かいおしるのようなものでも与えるようにしたい。

休息と昼寝――間食ののち十五分ぐらいの休息と、昼食後、約四、五十分間手足を伸ばして昼寝をする。寝台やふとんがなければ、ござを用いてもよい。休息・昼寝の時間は、季節や年齢によって異なる。窓には、暗幕があれば暗幕を、なければカーテンだけでもひいて暗くし、雑音を防ぎ、よく眠れるようにする。目をさまさせる時刻には、明朗な曲のレコードをかけるか、軽く背中をさすって起す。幼児がぐっすり眠っていても、一定の時間を過ぎたら起すようにした方がよい。

集団遊び――ハンカチ落し、スキップ鬼のような集団遊びは、幼児たちに集団行動の楽しさを味わわせ、協同及び自律の態度を養う。またこの時間に、お話・レコード鑑賞・紙芝居・指人形芝居などをするのも一方法である。

排便・排尿――健康の習慣上、排便はなるべく定時、たとえば登園前に家庭でさせることが望ましい。排尿は登園して来た時、昼食・昼寝・帰りの前等定められた時間にする方がよい。

帰りじたく――保育室に入り、みんなそろって「さようなら」の歌などを歌い、家庭への通知や連絡帳、持ち帰るべき製作品等を渡し、あすの予定事項があれば話して、弁当箱・帽子・オーバー等を忘れないように持たせる。母親が迎えに来たら、その日のできごと、注意すべきことを話す。

○幼稚園日課の一例。

登園――八時から九時までの間。

母親が勤労者である場合は、適当に早くする。

朝の検査――登園した幼児の健康状態を順々に調べる。

自由遊び――朝の検査がすんだのち、自由に遊ぶ。その間に音楽・お話・リズム・観察・絵画・粘土・紙細工等のいずれかを、幼児の自由な選択にまかせて行う。時には約二十分程度、いっしょに集まって行うのもよい。

間食――十時。

休息――二十分。

自由遊び――散歩につれてゆくこともある。

昼食――十一時三十分から十二時三十分まで。

休息――約二十分。

帰りじたく――十二時五十分。

帰宅――一時。

○午後三時帰宅の場合。

昼寝――約一時間。

自由遊び――約三十分。

集団遊び、または音楽、お話・遊戯・紙芝居・人形芝居等適当に入れる。

間食――二時三十分。

帰りじたく――二時五十分。

帰宅――三時。

○夏の短縮保育日課の例。

登園――七時から八時までの間。

自由遊び――朝の健康検査の済んだあと。

間食――九時。

休息――約二十分。

自由遊び。

帰りじたく――十時五十分。

帰宅――十一時。

2　保育所の一日

年少の幼児の遊びはひとり遊びが多いが、やがて、自然に二、三人のグループを作って遊ぶ。こんな年少児を受托する保育所では、幼児のための楽しいふんい気を作ってやり、その中で楽しく遊ばせる。歯みがき・手洗い・排便・昼寝等のような日常生活の良習慣を養うように努める。

次に標準的な一日の保育の内容を述べるが、だいたいは幼稚園と同じであるから、重複するところは省略する。

登園――帽子・オーバー・くつを脱いで所定の場所に置くことは、手を添えても幼児にさせる、母親が送って来た時などを利用して、家庭との連絡をとる。

自由遊び――遊具・おもちゃは年齢に応じたものをたくさん設備する。年少の幼児に譲り合うことを期待するのは無理だからである。また年長児に遊びを妨げられたり、遊具・おもちゃを取り上げられたりしないように配慮する。

間食と昼食――保育所では午前・午後の二回間食を与えることが必要である。幼児はおのおの、自分のエプロン、前かけ、あるいは胸かけを用意し、間食・食事の時には必らず用いるようにしたい。楽しく歌などを歌いながら友だちのしたくが終るのを待ち合わせ、「いただきます」を言って、そろって食べる。年少児は口の中に食物を入れたまま歩きまわったりしないようにして、よくかむ習慣をつけるように注意する。

休息と昼寝――間食後の休息と昼食後の昼寝は、四季を通じて全部の幼児に必ずさせた方がよい。寝具は備え付けのものがなければ家から持って来させ、各自のたなか箱・こうり等を備え付けて入れておく。ふとんを敷き、まくらを出し、上着を脱ぐ等のことも、ほとんど先生がしてやるような場合でも、幼児に自分でやっているという気持をいだかせるような手伝い方をする。寝かせる時は、エプロン、上着類を脱がせ、胸のボタンをはずし、ゆるくして寝かせ、ふとんを掛ける。睡眠時間は、寝具の用意、片づけの時間を加えて、一時間半ぐらいが適当である。

排便・排尿――排便は一日に一回、なるべく定時にし、排尿は早めにさせるようにする。

手洗所の近くに記録記入紙を用意し、排便、排尿の回数、特に異常の場合等を記入する。ズロースの上げ下げは自分でさせる。そのためには上げ下げのしやすいものを用いさせ、また決して急がせてはならない。

○保育所日課の一例。

登所――八時から九時までの間。

地域により、また季節によって適宜変更する。
朝の検査――登所した幼児の健康状態を順々に調べる。
自由遊び。
間食――十時。
休息――約三十分。したく・休息・あと片づけ。
昼食――十一時半から十二時半まで。手洗い・うがい・したく・食事・あと片づけ。
昼寝――昼食後約一時間三十分。
自由遊び。
間食――二時半。
したく・お八つ・あと片づけ。
帰宅――三時。家庭の事情でもっとおそくまで保育する必要のある場合には、適宜時間を延長する。

3 家庭の一日

家庭の生活は幼稚園や保育所の生活と矛盾があってはならない。母親は幼稚園や保育所の保育に協力し、また家庭の一員としての必要な教育をしなければならない。すなわち家庭における幼児の生活は、両親はじめ家族の愛の中に、子供としての人格を認められつつ、心身ともに健やかに、朗らかに、自由に、自分のことは自分でしつつ、のびのびと生活ができるようにし、また家の手伝いをさせなければならない。家庭であまり無関心で放任されることもいけないし、あまり厳格に規則や時間で束縛することもよくない。
起床――決まった時間に起すことが健康の習慣の基礎として必要である。だいたい、夏は六時半、冬は七時ごろが適当と思われる。着物を自分で着替え、寝巻は自分で片づける習慣をつける。
排尿――起きたらすぐ排尿させる。
洗面――歯ブラシで歯をみがかせる。歯みがき粉はのどにはいるおそれがあるから、練り歯みがきか塩水を使わせる方がよい。二、三歳児には、必ず水歯みがきか塩水を使って、飲みこまないように注意して使わせる。顔と手をていねいに洗いよくぬぐわせる。
朝のあいさつ――なるべくみんながそろって落ち着いたところで「おはよう」のあいさつをする習慣をつける。
食事――食事の時の注意は、だいたい幼稚園における昼食の項と同じ。幼児は好ききらいがあったり、おかずだけ食べたり、口に入れたまま物を言ったり、口に入れたままじっとしていたり、よくかまなかったりするから注意してやる。

排便——人間は一日に一回規則的に排便することが健康のためによく、幼児たちには、なるべく朝排便する習慣をつけるのがよい。

登園——オーバー・くつ・弁当袋など幼児が自分で始末できるようなものを用い、また場所を低いところに定めておいて、幼児が自分で取り出し、用意ができるようにする。二、三歳児などのためには、手を添えてくつなどはかせるが、自分でやるという気持を養うようにする。母親の笑顔に送られ、「行ってまいります」のあいさつをして家を出て、近所の友だちを誘い合わせて登園する。

帰宅——「ただいま」のあいさつをする。オーバー・くつ・弁当袋など所定の場所に自分でしまい、必ずうがいをさせ、手を洗わせる。事情が許す限り、母親は幼児が幼稚園から帰る時間には家にいて迎え、連絡帳や通知等を受け取り、幼稚園でのできごと、身体の異常の有無などをたずねるのが望ましい。幼児が覚えた歌をいっしょに唱ってやったり、また質問に答えてやる。

遊び——母親とのお話が済んだら遊びに出るかまたは家の中の子供べやで遊ぶ。子供べやを別に設けることはむずかしいが、外廊下の片すみにでも、子供専用の場所を作り、手製の本だな・机等(みかん箱等を利用して)を備え、幼児だけの小さい世界を与えてやれば、自然に整理・整とんのよい態度と習慣を養成できるのである。また幼児はなるべく幼児どうしで遊ばせることが必要である。

手洗いと入浴——身体の清潔は幼児の健康上特に必要なことで、遊びから帰ったら、必ずうがいをし、手足をていねいに洗い、夏なら毎日お湯をわかして行水をさせ、四季を通じて、なるべく入浴をさせる。

夕食——だいたい夕食の時間を定め、その前に遊びから帰るように習慣づける。手を洗い、できる範囲で手伝いをする。

勤めに出ている父親もなるべく夕食時間にまに合うように帰って来て、一家そろってなごやかな食事をすることが望ましい。

団らん——夕食後しばらく家族の者が団らんをすることは、家庭・両親・兄弟への愛情と信頼の源泉にもなることであるからぜひ行いたい。この時いつも幼児を中心にしたり、おだてたり増長させてはいけない。また一週間に一度、土曜日や祭日の晩などは、一家そろってお話とか歌とか遊びをして楽しむのもよい。家族の誕生日などには特にそうありたいものである。

就寝——季節によって多少の変動はあっても、睡眠時間は十分にとりたい。入園当時は疲れるからなるべく早く寝かせることがたいせつである。寝る前には、排尿し、口をすすがせる。そして静かな気持で寝につくようにしてやる。

遠足——日曜日・休日などには、できるなら一家そろって、さもなければ家族のだれかにつれられて、田舎の親類や、名所旧跡など、幼稚園・保育所では行けない所を訪れるようにしたい。

宗教教育は家庭で行われるべきものである。信仰心のあつい家庭に育てられれば、おのずからその感化を受けるであろう。神仏に対する朝夕の祈り、食前の感謝などのほかに、日曜は教会・寺院等で開かれる日曜学校に行くとか、教会の礼拝に参列するとかして、自然に信仰の素地をつちかってやることは望ましい。また先祖の祭りや命日の墓参なども守りたいことである。

六　幼児の保育内容

——楽しい幼児の経験——

1　見　学

幼児には、広い範囲にわたっていろいろの経験をさせることが望ましい。そしてその経験は、なるべく実際的、直接的でなければならない。幼稚園内、あるいは保育所内での生活はいかに十分の設備と行き届いた教師の指導があっても、どうしても一方にかたよったり、狭い範囲にとどまってしまう。園外に出て行って、園内では経験できない生きた直接の体験を与える必要がある。

幼児たちは、この経験によって、注意深く見る習慣を養われ、正しく見、正しく考え、正しく行動することを学ぶ。また町の中の狭苦しい環境にある幼稚園では、特にときどき園外に出て、紫外線の多い、空気のよい郊外の野山を、のびのびとした気分で歩いたり、そこで遊んだりすることは、幼児の健康のためにもよい結果をもたらすであろう。

場所としては幼児にとって危険がなく、しげきの強過ぎないところならばどこでもよい。町に行けば、花屋・くつ屋・やお屋等の前を通っていろいろの商店が見られ、郵便局・停車場等の公共の施設もあり、その途中には交通を整理する巡査が立っているのに感謝の念がわく。近くの小学校に行って将来の学校生活を見たり、運動会・展覧会を見たりする。公園・遊園地では幼稚園とは違った遊びができるし、植物園は珍しい草木や樹木が幼児を楽しませ、動物園にはいろいろの動物が幼児の来るのを待っている。

社会と並んで、自然界もまた幼児の経験の無限の豊庫である。四季の花つみ、昆虫採集、木の実拾いや落ち葉拾いは楽しく、種まき・田植え・刈り入れ等の農夫たちの姿も幼児には美しいであろうし、また貝がらを拾ったり、砂遊びをしたり、水にたわむれたりすることは海べの幼児が持つ楽しみの一つであろう。

こうした見学は随時に行う。特に乗物でも利用するような遠足は、春と秋と一回か二回行い、その時は親達も同行するのが望ましい。園外保育の前には実地調査をし、途中の危険の有無を確かめ、万一の場合のために救急箱を持って行く。行く前に、幼児たちと、見てくるものについて話し合いをしておくのがよいし、帰ってから見て来たものについて発表させるのもよい。更に持って帰った草花を花びんにさしたり、木の葉・木の実・貝がら等のくらべっこ、ならべ遊びをしたり、小川でとってきたおたまじゃくし・めだかを池に放したり、ちょうやばったを飼育したりするのもおもしろい。また、見聞して来たことをもととして、いろいろのごっこ遊びなどを展開することもよいであろう。

2　リ ズ ム

幼児が特別の内容なしに、リズム的に走ったり、はねたり、手を振ったり、スキップをしたりする簡単な活動・動作も、幼児の成長にたいせつなことである。

幼稚園のリズムの目的は、幼児のひとりひとり、及び共同の音楽的な感情やリズム感を満足させ、子供の考えていることを身体の運動に表わさせ、いきいきと生活を楽しませることにある。

唱歌遊び。歌に合わせて遊びたいという自然の要求からくるものである。歌いながらスキップしたり、踊ったり、拍子に合わせて手をたたいたりして遊びながら、だんだん組織ある遊びをするように訓練されるのである。おとなの考えで振り付けた遊戯をその形のまま教えこむより、できる限り子供の自由な表現を重んじ、子供に歌詞・歌曲を理解させて、自分たちの考えによって振り付けを創作させたら、もっとおもしろいものをつくり出すことができるであろう。

リズム遊び。子供は常に生活の中から強い印象を受けたものを、音楽に合わせて表現して遊びたがるものである。遠足・見学等で見たこと、きいたこと等直接経験したこと、春秋の農夫の働き、郊外の動物のリズム的活動、汽車・電車・自動車等の子供の興味深いもの、川の流れ、空とぶ鳥、花にたわむれる蝶、昆虫等の生活を見たり、知ったり、また落葉・雪・雨等の自然現象等すべてリズム運動をしているものに接すると、そのままリズム運動をして遊ぶのである。幼児が種々の経験をしたあと適当な音楽を伴奏してやるとリズム遊びはもっと面白く、楽しくなる。子供の心にある映像がリズム的に表現されることにより、感情は強く新鮮に豊かになってくるのである。自発的にされるリズム遊びは身体に適当な運動をさせるので、幼児の保健上からも大切である。

幼児は過去の経験を生き生きと生活に表わすのみならず、現在の周囲のおもちゃ・楽器・設備品・絵本、あるいは友だちなどからも、強い影響を受けて、それをリズムに乗せて表現し、創作的に、想像的に、子供の世界を見いだすのである。

自発活動は尊重されなければならない。そのためには、広い場所、自由なふんい気、時、しげきとなる材料を与え、よく物を観察させることも必要である。

リズム遊びに用いる音楽は、音楽的な立場から、最も美しく簡単なものであること、自分で音楽を解釈して、リズムに合わせてからだを動かし子供らしい振り付けができるものであること。興味は短く、音楽的気分はつたないものであるから、リズム劇などは子供中心に考え、教師の考えによって教えこむことは避けた方がよい。よろこんで楽しく遊ぶということがたいせつである。

3 休息

人間の生活には大きなリズムがあり、一日の働きにおいても緊張と解放、労働と休息とが適当に交代してゆくのが健康な生活である。子供たちにとっては、その生活はすべて遊びであり、逆に遊びはすべて働きであるといえる。この特徴から、子供の生活における休息の意義は時に見失われやすい。また子供は自分では疲労を意識しないために、休息を自らしようとはしないのが普通である。しかし、成長の途上にある幼児にとって休息は身体的にも精神的にもまことに重要である。ことに集団生活においては、個人々々の特質を無視し、過重なしげきや運動を与えやすいから注意を要する。

(一) 環境の整理

疲労を避けるためには、まず身体的、精神的に不必要なしげきを避けることが必要である。雑音のない静かな遊び場・保育室、遊具等の明かるいやわらかい配色。何かさせる時に楽な姿勢でものを見たり、聞いたり、したりできる配慮。たとえば紙芝居などを見る時、舞台と子供との距離、高さ、舞台の大きさ、光線のとり方、子供の列び方等、どの子供も楽に見ることができるようにする。また遊びやすい、からだに合った衣服・はきものなどを身につけるようにしたい。

(二) 休息のとり方

なるべく午睡室を設けることが望ましい(設備の項参照)。戸外の場合は木陰とか、子供が静かに休むことのできる草原を選ぶ。

保育のプログラムの編成に当たっては、緊張と解放とが交互に行われるように変化を持たせる。たとえば、運動のあとには静かに音楽を聞かせる。長時間にわたる緊張状態ののちには、軽い運動や短時間の休息を行う。

食後には、直ちに激しい運動を行うことなく、静かに絵本を見たり話し合ったりする。

保育時間の長い四歳未満の幼児は午後一回の昼寝を必要とする。三歳未満の場合は午前、午後の二回あってもよい。四歳以上の幼児も家庭環境・季節等によって適宜昼寝をさせる必要がある。年長児は眠らないままでも静臥（眠らないで静に横になる）をとらせたい。

唾眠時間は、家庭における睡眠を妨げない程度とする（一時間ないし一時間半ぐらい）。

昼寝をさせる時には、その準備や片づけをなるべく自分でするようにする（就寝前後の用便、衣類の脱ぎ着、寝具の始末、髪とかしなど）。そして眠りを誘うふんい気を作り（暗くし、静かにさせるなど）、添い寝や子守歌などを歌って寝かしつけることはさけた方がよい。時間が来たらレコードなどをかけて静かに起すようにする。睡眠状態については特に注意し、睡眠時の姿勢や眠り方、寝汗、おもらしの有無等をしらべ、健康状態を観察して異常があれば、すみやかに適宜の処置をとるようにする。

4 自由遊び

子供たちの自発的な意志にもとづいて、自由にいろいろの遊具や、おもちゃを使って生き生きと遊ばれる遊びが自由遊びである。

そこでは活ぱつな遊びのうちに自然にいろいろの経験が積まれ、話し合いによって観察も深められ、くふうや創造が営まれる。また自分の意志によって好きな遊びを選択し、自分で責任を持って行動することを学ぶ。子供どうしの自由な結合からは、友愛と協力が生まれる。

(一) 遊び場所と設備

まず環境を最もよく利用することが必要である。子供がよく遊べるように設計することはいうまでもないが、子供がその遊び場所をどう使っているか。たとえば高いところから飛び降りたり、あるいは幅とび、小石並べなどをしている子供の遊びをよく見て、設計や設備を変えてゆくこともたいせつである。遊具も子供たちにその使い方をくふうさせ、おとなの定まった観念にとらわれず、利用させてゆくとよい。

(二) 自由遊びとその指導

(イ) 一日の保育プログラムと自由遊び　登園するとすぐ行われる自由遊びは、一日の生活のスタートとして最も効果的でなければならない。一日の保育計画にもとづいて、遊び場・保育室の整備、遊具の配列を考える子供の発見や、よいくふうが見られたら、見のがさず取り上げてよいヒントを与え、必要があれば他の子供たちの意見も聞いて解決し、経験を生かして子供の生活内容を豊かにする。

食後の自由遊びは、激しい運動を控え、帰りの時間を考慮して遊びを発展させる。

一日の生活は自由遊びが主体となるが、集団的に行われる次の遊びや、食事、昼寝等によって中断される。但し、これらは朝の自由遊びから発展的に継続されるものである。

(ロ) 自由遊びの打ち切り方　子供の遊びは尊重するが、友だちといっしょに暮らすことによって当然起る生活のきまりには、その必要を自覚した自律的な行動をとらせたい。遊びの打ち切り命令によって行うのでなく、その必要を自覚した自発的な打ち切りでありたい。

(ハ) 自由遊びの観察

子供の行動をよく観察し、遊びの種類、遊び方、交友関係などから、その子供の特徴、すなわち個性をつかんで、よいところを伸ばしてゆく。

グループ遊びが共同の目的の下に秩序正しく行われているかどうか。その中で子供のひとりひとりがどんな役割を果たしているか。更に他のグループと交渉を持ち、遊びを発展させてゆくかどうか。指導の目標はあくまで個々の子供の発達段階に即していなければならない。

教師は子供たちのよきなかまであると同時に、よき観察者でありたい。周到な観察こそ、健全な指導の基礎である。幼児が遊びの時間を楽しむことができないならば、そこには何か問題があるのである。そこに行われる活動が、その年齢の幼児に適さないものかもしれない。あるいは教師があまり指導しすぎているのかもしれない。あるいはまた遊具が少なくて、すべての幼児が遊ぶ機会を持つことができないのかもしれない。いずれにしても、その原因を見つけて、どの子供もほんとうに夢中になって遊べるように導きたいものである。

5　音　楽

幼児に音楽の喜びを味わせ、心から楽しく歌うようにすること、それによって音楽の美しさをわからせることがたいせつなのである。音楽美に対する理解や表現の力の芽ばえを養い、幼児の生活に潤いを持たせることができる。

(1)歌は旋律の美しく明かるく単純なもの。音域のあまり広くないもの。調子は長調とし、拍子は単純な二拍子か四拍子を主とし、これに三拍子のものも加える。中途で調子や拍子の変わるものや、附点音符の多いものは避け、曲の長さは短いほどよく、八小節から十六小節どまりとする。音程の飛躍したものはいけない。発声は無理のない自然なものとする。

幼児たちがときどき即興的な歌を唱っている場合があるが、教師は、注意深く、それを聞き、いっしょに唱ったり、適宜に訂正してから他の幼児に紹介して採り上げるのはよいことである。教師はできるだけ多くの歌を知り、幼児が歌を要求した場合、直ちに唱って聞かせてやれるようにしておくのはもちろん、また、ときには即興の作詩・作曲ができるようでありたいものである。

(2)器楽（楽隊）は幼児が音楽に興味を持ち、静かに楽しめるようになってから始める。楽器としては子供用の太鼓・小太鼓・シムバル・トライアングル（三角鉄）・笛・和音笛（口をつけるから衛生上注意が必要）・カスタネット・シロホンなどがあればこの上ない。もしなかったり、または数が少ないような場合は、有り合わせの材料で作るとよい。たとえば帽子箱で太鼓を、あきかんでシンバルを、火ばしでトライアングルを作る（一本の火ばしを糸でぶら下げる）。そのほか鈴は幼児の楽器の一つとして好適なものである（鈴は六、七個を一つにまとめるか、輪切りにした竹に数個つけて用いる）。楽隊を指導するには、まず幼児たちに曲目を選ばせ、最初は曲を十分よく聞かせる。次に曲のリズムを理解するため手をたたいたり、竹ばし・横み木・リズム竹等をたくさん用意して、リズムや休止の練習をする。曲の部分部分の感じを楽器の特質によって生かすにはどうするかを、幼児に考えさせる。のちに幼児を指揮者として、幼児に自由な楽器を選択させて演奏させる。一、二回こうした指導をし、その後は幼児たちで自由に指揮者を選ばせ、自由に演奏ができるようにする。特に思わしくない場合は、幼児たちに考えさせ、適宜に訂正させ、決して教師の命令によって演奏させてはならない。

(3)よい音楽を聞くことは、幼児の音楽教育の重要な部分を占める。レコードやラジオを聞いたり、演奏会を楽しんだり、ことに園児の音楽会はそのよい機会となろう。その場合の曲目等はなるべく広い範囲から選択し、上品で明朗かつ律動的なものがよい。音の美しさを直接に感じさせることもたいせつである。曲はあまり長くない方がよく、一曲の長さは三十秒ないし一分間が適当である。音楽を聞くときには、静かにして聞いて、楽しむこともたいせつであるが、ほかの遊びをしながら聞いたり、身体の運動をともなって聞いたりすることも幼児としては自然である。

要は音楽を楽しむことを通じて、幼児の生活を豊かにすればよい。

6 お話

保育所や幼稚園にはいる幼児は、すでに、ほかの人の語る簡単なことばを理解し得る程度に達している。また、自らも人にわかるやさしいことばを使い得るようになっている。しかも幼稚園を終るころに、言語習得や言語使用において著しい進歩を示すものである。

幼児は書かれた文字を通してではなく、話されることばを耳を通して学ぶのである。ことばの抑揚・発音・声の調子・語意・文法等すべて耳を通して習得するのであるから、常に正しいことばを聞かせてやることがたいせつである。ささやきにはささやきをもって、大声には大声をもって応ずるものであるから、よい手本を示すことが、幼児に対する正しい言語教育である。それゆえに、幼稚園の時間はすべて言語の教育に利用することができるであろう。また正しいことばという意味をあまり狭く解して、おとなの語をいわゆる標準語と考えてはならない。子供には子供らしいことばがあり、地方にはその地方の方言がある。それらを何歳ごろから訂正するかは実際に即して決めたい。

はっきりした声、あまり高くない調子、自然的な抑揚で話してやることがたいせつである。あらあらしいことばは幼児の情緒を動揺させる。

幼児に正しいことばを聞かせてやると同時に、幼児自らが話をするように指導することもまたたいせつである。それには、幼児に話をする必要を誘発してやる。親しみのある態度をもって、幼児に興味のあることがらについて話しかけてやる。それでもなお口を開かない子供もあろう。そのような子供には簡単なことばで答えられるような問を発してみる。はじめは単にうなずくだけの反応があるだけでもよい。漸次、短いことばをもって諾否を答えるようになるであろう。あるいは、なかまどうしの会話に参加する機会を作ってやる。年少のグループでは独言の連続となるかもしれない。むしろ、一つの筋を追って話し合いを進めてゆくようなことを求めるのは無理であろう。おもちゃや遊具などを話の題材にしてやると、それを中心に話題がなめらかに展開してゆくこともあろう。絵本なども共通の話題を提供するであろう。

そのほか、電話ごっこや、ことばの遊びなども有効な手段である。なぞなぞ遊び、考えもの、しりとり遊びなどには、子供は喜んで参加するであろう。

この時期の子供の語数の進歩は著しい。しかし、単に単語の数の増加が目標ではなく、かれらの意志や思想を発表する必要を感じているときに、適切にして正確なことばの使用を知らせてやればよい。したがって、新しい対象とか新しい経験と結びついて具体的に新しい単語が習得されてゆく。このためには、新しい絵本、新しい遊び道具はよけいしげきを与える。遠足に出かけたり、やお屋を見学したり、郵便局を訪れたりして、新しいことば、新しい表現を習得してゆく。そして、そのあとで話し合いの会を開いたり、ごっこあそびをしたり、やさしい劇に組んだりすることはいっそう効果的であろう。

一般に、理解し得ることばと使用し得ることばとの間には相当開きがあるから、教師はあまり控え目にして新しいことばの使用を恐れる必要はない。

子供は一般にかん高い声で話をするものであるが、もっと低い声で話す方が楽であり、聞くにも聞きやすく、不愉快でないことを知らせる必要がある。興奮した時には調子が高くなりがちで、そのためにけん騒におちいる。疲れたとき、ことに神経的に疲れたときも同様であって、その場合、騒がしいからといって、更に高い声で物をいうのはいっそう騒ぎを大きくするばかりである。まず、その原因を確かめることが必要である。また、低い声で話すことが案外よく徹底することを忘れてはならない。

幼児はときどき不適当なことばや、不正確なことばを使うものであるが、多くは次第にそういうことがなくなってゆく。但し、言語障害のあるために、そうなっているものもあるから、専門医の診断を必要とするものもある。正しいことばを聞くことによって正しいことばを語ることができるのであるから、耳の悪いことが言語発達の遅れる原因となっている場合もある。

人の語ることばをよく聞く態度を養成することもたいせつである。このためには、童話・おとぎ話・詩などを聞かせてやる。それはまた、幼児の想像を豊かにするものである。

よい童話としては次のような規準が考えられる。

1. 明かるい話
2. 美しい理想を持った話
3. 正しい人生観を教える話
4. 自主独立の精神を養う話
5. 勤労・努力の精神を持った話
6. 平和・博愛の精紳に富む話
7. 道義心を高める話
8. 芸術的な潤いを持った話

7 絵　画

絵を描くことに興味を持たせ、よく描けたかどうかという結果よりも、楽しみながら描くことの喜びを味わわせることがたいせつである。のびのびとした気持で自由な表現をさせ、表現をすることの喜びを十分に味わわせ、創作的表現に対する興味を養う。

材料はクレヨン・チョーク・墨（墨じゅう）・絵の具（ポスターカラー）・鉛筆等が用いられよう。

紙は小さいものより大型の紙を用いたい。画用紙・ラシャ紙・ザラ紙・印刷した紙や広告の紙の裏、新聞紙を利用する。墨絵・水絵のための筆も、使い古しの筆を用いるとよい。描きたい時に描けるように、材料を豊富に用意し、幼児が出し入れできるように置き場所をくふうをする。

白墨やクレヨンで、いろいろの形を黒板や紙の上に自由に描いてみて、描きちらしているうちに、何かの形ができることに興味を覚え、自分の描いた形がだんだん物の形に似て来ることを喜び、描いてみることによって、事物を注意してみるようになる。

教師は幼児に絵の手本を与えたり、描くものを示唆すべきでない。各幼児は、表現すべき自己の思想を豊富に持っている。描きたくなるような環境を作ることが望ましい。

墨絵及び水絵 大型の紙に大きな絵筆で描く作業は、幼児の筋肉調整の上に役立ち、また自己表現の良い手段となる。

新聞紙で机をおおい、机をきれいにすることを教える。こぼさないように、水を注いだり運んだりして、紙・すずり・絵の具・墨・筆・水の取り扱いに責任を持つことを教える。

絵の具の色にはどんな色があり、どうすればこんな色が出るかを幼児がくふうしてみて、彩色の喜びを味わう。

鑑賞 自分の描いた絵だけでなく、他の幼児の描いた絵を見せて、絵について話し合う。また、他の組や他の幼稚園の子供たちの絵も見せてやる。いい絵本も見せる。

子供たちの描いた絵や、おとなの描いた絵のうち、幼児に興味あるもので、芸術的価値も高く、且つ幼児に理解できるものを選び、室内や廊下に掲示して鑑賞させる。台紙にはるか、額ぶちに入れるとよい。できるだけとりはずしの容易なようにくふうして、新しい絵が陳列されることに興味をいだかせるようにする。

8 製作

粘土 粘土は幼児が最も興味を持って、いろいろの形を作るのによい材料である。適当の堅さの粘土であれば、幼児の望むままに自由に、しかも、すみやかにいろいろなものを作ることができる。作る興味のほかに、でき上がった製作品は立体的で、実際におもちゃとして幼児の遊びを充実させてくれるものである。

たとえば、ままごと遊びの道具・ごちそう、動物園ごっこの種々の動物、乗物遊びの汽車・電車、やお屋遊びの野菜などと、数々の遊びの材料として幼児たちを喜ばしてくれる。

でき上がった作品は乾燥させて色を塗り、実物の感じに近づけたり、また乾燥後、焼いてじょうぶにしておもちゃにすることもできる。粘土製作では、材料をできるだけ豊富に与えて、大きなものを作るようにしたいものである。粘土はどの年齢の幼児にも十分に興味を起させて、創作のおもしろみを味わわせてくれるものであるが、こわれやすい欠点もある。

紙粘土　紙粘土は、古新聞紙・雑誌などを細かにむしって水につけ、これをつき、柔らかくして、これにふのりをまぜてつくる。冬期には、冷たい普通の粘土よりも暖かく、幼児の手をいためなくてよい。また、こわれやすい粘土の欠点を補っている。

いずれも一得一失があって、紙粘土は幼児が作るのに、細かい部分の製作にはやりにくい点もある。しかし、紙粘土の長所は、でき上がった作品はじょうぶで、おもちゃとして長く遊ぶことができる点である。

粘土のほかに、幼児の製作の材料として紙類がある。厚いもの、薄いもの、ボール紙・だんボール・画用紙・模造紙など、諸種の紙類がある。新しい紙でなくても、包装紙の使ったあとのものなどもよい。また、ボール紙のあき箱、マッチ箱、たばこのあき箱、その他のあき箱など、立体的なものを作るのによい材料である。はさみは、西洋ばさみが幼児の手を痛めなくてよい。幼児のひとりひとりに、それぞれ一つのはさみを持たせておくことができるとなおよい。

木　木箱のあいたもの、小さい板切れなどを材料として、ごく簡易なものを作らせるのもおもしろい。用具として、のこぎり・金づち・くぎなどのようなもののうちで、安全なものだけを使用させる。

自然物　これはきわめて材料の範囲が広いものである。四季おりおりの木の葉・葉柄・花・実などの植物から、小石・貝がら等に至るまで、無限に製作の材料となる。趣味豊かなもので、農山漁村などの保育所・幼稚園では、この材料を大いにとりいれるとよい。

終りに製作全体については、材料をできるだけ豊富に与えて、幼児が自由に選択し、十分表現して満足するようにさせたい。物を作る興味、自分自身で創作する機会を与えることが、何よりたいせつなことである。ただ幼児の製作中にこれを観察していて、幼児が自分の創作について教師の援助を求めたり、あるいは別々に新しく作るものを要求することがある時は、教師はよい相談相手であり、またよき手伝い役でありたい。

製作には平生の観察がたいせつで、そのために自然や社会的事象に関心を持たせ、また幼稚園や保育所にいろいろ材料が豊富に備わっていることが望ましい。

また、教師自身の製作している実際の様子を、幼児たちが見る機会のあることは最もよい。先生が興味を持って作っている様子を見て、幼児も製作にひき入れられるものである。

9 自然観察

幼児にとって自然界の事物・現象は、驚異と興味の中心をなす未知の世界である。それで幼児期から素ぼくな直感によってものごとを正しく見、正しく考え、正しく扱う、基礎的な態度を養うことがたいせつである。但し、あくまでも幼児の年齢・能力・興味に応じて行われるべきであって、幼児の疑問に対しても、その時期の幼児を満足させる解答を与えてやることがたいせつで、最初から高きを求めてはならない。

科学的態度を養うには、幼児にその生活環境を理解させなければならない。それは必ずしも多くの費用や設備を必要としない。教育者の創意くふうによって、与えられた環境を利用し、有り合わせの材料を使って十分できる。例をあげるならば、近くの山や河や池や林や野原やたんぼや公園や工場や市場や停車場等は、そのまま教育の場とすることができるからである。但し、最低限度の設備としては、砂場・花壇・飼育箱・水そう等がほしい。遊び・見学・遠足等の場を適当にとらえ、疑問と興味を起させるように指導してやるのがよいので、特別な時間を設ける必要はない。

こわしたり、よごしたりするようなことはあまり気にかけないようにして、実際に幼児にやらせることがたいせつである。

自然の経験を与える一つの計画例を、参考までに次に掲げる。

自然の経験

四　月——小川あそび

要旨　めだか・おたまじゃくし・たにし等を捕り、ささ舟を流し、春の自然を体験させる。

注意　浅い、危険のないところ。たんぼなどもよい。手や足を洗う場所を考慮にいれる。

五　月――草花つみ

要旨　野原で草花をつんで遊ばせ、春の自然を楽しむ。

注意　四月下旬から五月上旬がよい。危険のない場所で、自由にのんびりと草花をつんで遊ばせる。

花……つめくさ・れんげそう・たんぽぽ等。

草……のびる・はこべ・すいば等。

六　月――かえるつり

要旨　小川や池などで、かえるやえびがにをとって、遊びながら観察させる。

注意　つるには、小さい捧に糸をつけて、虫などをくくりつける。

七　月――水あそび

要旨　砂場で水鉄砲をしたり、じょうろで水をまいたりして遊ばせる。

注意　人に水をかけないように、けんかのもとにならないように、社会性の発達を考慮する。

九　月――秋の草花つみ

要旨　すすきの穂が出、はぎが咲くころ。秋の野原で、おもしろく草つみをして遊ばせる。

注意　月見の行事と結びつけるのもよい。すすきは手を切るので、注意を要する。

十　月――どんぐり拾い

要旨　どんぐりがおちるころ、どんぐりを拾って遊ばせる。

注意　どんぐりで、いろいろの遊びをさせる。

十一月――落ち葉拾い

要旨　雑木林の中にみちびいて、落ち葉を拾いながら遊ばせる。

注意　落ち葉だけでなく、きのこ、その他虫などに及ぶのもよい。落ち葉はただ拾うだけでなく、並べたりして、落ち葉遊びをするとよい。

十二月――三月――雪あそび

要旨　適当に雪が降った時、雪投げや、雪だるまを作って遊ばせる。

注意　終ったあと、手を暖めたり、足をかわかしたりすることを忘れてはならない。

10　ごっこ遊び・劇遊び・人形芝居

ごっこ遊び

人形・おもちゃの動物・積み木・草花・木の葉など、なんでも使って幼児たちは自由に社会や家庭の模倣遊びをする。おかあさんごっこ・動物園ごっこ・汽車ごっこなど、次から次へと展開されてゆく。

幼児はこの遊びを通して、社会性を獲得してゆく。ごっこ遊びは、できるだけ幼児の自発活動を尊重して干渉しない方がよいが、全く放任して悪質の摸倣をするようなことがあってはいけないから、正しい誘導を忘れてはならない。

ごっこ遊びは子供の経験にもとづくもので、周囲に起るさまざまの事件を再現しようとする。

このようにして、ごっこ遊びを通して、自分の日常生活経験を総合したり、明らかにしたりするのである。

劇遊び（お話遊び）

幼児自身の生活となって楽しめるお話遊びなども、大いに取り入れられなければならない。幼児は童話を聞くと、それを遊びにしてみたいと考えるものである。たとえば、三匹の子ぶたの話を聞くと、これを直ちに遊びにする。大きい男の子はおおかみになり、小さい子はそれぞれ三匹の子ぶたになって、話で聞いた筋を、興味深く再現しようとする。ちょっとした指導によって、少しの組織とヒントとを与えてやると、おもしろい劇化されたお話の遊びができるものである。

人形芝居

人形劇は立体的であり、活動的であり、具体的であることによって、幼児には特によろこばれる。

(1) 指使い人形芝居　指で使うもので、製作もきわめて簡単である。先生が作って見せてやるだけでなく、幼児たちに製作させて、実演させることもおもしろい。

(2) 糸あやつり人形芝居　糸であやつるもので、人形の動作が自由である点から、幼児は興味を持つ。

(3) 影絵芝居　厚紙で人形の形を切り抜き、スクリーンに影を映す。昼間は、太陽光線を利用して映すことができる。

(4) その他　おもちゃを利用しての劇的な取り扱い、おもちゃの人形芝居・あきびん利用の人形芝居なども、ちょっと手をかけて指導すれば、おもしろいものができる。

11 健康保育

幼児の健康を保ち、十分な発育をとげさせるためには、生活全般にわたる細かい配慮が必要である。

健康記録 そのためには、まず健康記録を作っておくことが必要である。すなわち、少なくとも毎月一回ずつ、体重・身長・胸囲の計測を行い、記録する。頭囲や座高はあまり必要ではない。前に掲げた身長・体重の標準は平均値であるが、身長と体重とのつりあいがとれていたら、標準からは多少劣っていても、健康でないとはいえない。毎朝の健康検査の必要なことは前に述べた。かかった病気、欠席の原因などは、いちいちつきとめて記録を確かにしておき、特に伝染病・寄生虫、かかった病気の傾向などは、注意して記録しておく。すべて一年を通じて記録できるよう、そして、これによって幼児たちの健康状態が見渡せるように、カードを用意して置くことが望ましい。

環境 健康生活のためによい環境としては、新鮮な空気・十分な日光・適当な温度が必要である。室内の換気をよくし、特に冬は換気に十分注意しなければならない。また、庭には水をまいて、ほこりの立たないようにする。日光は健康の源であるから、なるべく日なたで過ごす時間を多くする。毎日、少なくとも二時間ぐらいは屋外で過ごすようにしたい。但し、直接日光の当る所で絵本など見ることは、目のためによくない。紙芝居なども、幼児たちは日を背負い、舞台が日に向かうようにするとよいが、後頭部を長く日光にさらすのはよくないから注意する。なお、曇った日でも外に出れば、外気浴は十分できることに注意しよう。

運動 子供がじっとしている場合は、何か身体に異常があるものと考えてよいくらい、健康な子供はよく運動する。筋肉は適当に使い、適当に休ませることによって強くなる。走りまわり、とんだり、はねたりし、ジャングルジムに登ったりぶらさがったりし、ブランコに乗り、すべり台ですべって、からだじゅうの筋肉を動かす。幼児の時期は、ことに全身の大きな筋肉を動かす運動が必要である。全身で持ち遊ぶような箱積み木、からだじゅうで動かす重い車、いずれもこのような目的にかなった遊具である。

休息　過度の運動は子供のからだに悪い影響を与える。だから、運動のあとには必ず適当な休息をとらせなければならない。休息の間に、運動によって生じた有害な物質は、新鮮な血液によって清められる。一度に多量な運動、たとえば長時間の遠足などをすると、その回復には長時間を要する。また、子供たちは自分の疲労に気づかないことが多いが、いらいらしてきたり、けんかしやすくなったり、すぐ泣くような様子が見えたり、むやみにおしゃべりになったりするようなことがあれば、疲労が相当進んできたしるしであるから、すぐに休息をとらせることが必要である。そうでないと、身体に悪い影響を与えるばかりでなく、かんしゃく持ちの子供になるおそれがある。

休息のためには、強いしげきのない静かな環境を与えることが第一に必要である。身体的に最も完全な休息は、横になって寝ることである。しかし、いままで走ったり、はねたりしていた子供を急に寝かせることはよくない。しばらくの間静かに歩かせて、それから腰をおろさせ、そのあとで寝かせるというように、徐々に、やすませるようにするのがよい。

昼寝は幼児には必要な休息であるが、詳しくは休息の項を参照されたい。また、絶対的休息としての夜の睡眠は十分にとるように、家庭と連絡を密にしたい。

生活習慣、規則正しい生活は、健康の基である。起床時間・就床時間を一定にし、食事・間食・昼寝・排便等、すべて規則正しくすることは、すべての身体の働きと休息の効果を十分にあげることができる。

また、清潔の習慣を養うことも、健康生活のために欠く事のできないたいせつなことである。食前に手を洗うこと、戸外運動後に手と足を洗うこと、顔を洗うこと、うがい、鼻をかむこと、歯をみがくこと、つめ切り、髪の手入れなどは、すべて幼児が自分でするように習慣をつけたい。また、衣服や手ぬぐいなどを清潔にすること、せきやくしゃみをするときに、人の方に向かってしないというような習慣を養うことが必要である。

栄養　幼児の栄養上注意しなければならないことは、

必要カロリーが成人に比べて相対的に多いということと、たんぱく質のうちでも発育に必要なアミノ酸を多量に含むものを与えなければ、栄養が不完全となることである。たとえば、動物性のたんぱく質では、卵・魚類・肉、植物性たんぱく質では、だいずのようなものがよい。また幼児の一回に摂取できる食物の量が少ない割にエネルギーの消費量が多いので、三度の食事のほかに間食が必要である。間食は午後だけでなく、朝早く食事する子供や年齢の低い子供には、午前の間食も必要である。与える分量などは年齢によって差がある。

幼稚園や保育所でとる昼食は、分量が十分であることと、副食物の質と量が十分であることが必要である。冬は、暖かい食物を与えるようにくふうすべきである。暖かいミルク・スープ・みそしるなどを与えたい。肝油・バター・牛乳・くだもの・くだものジュース・きなこ等の、発育に必要なビタミンA・B_1・B_2・C・Dを多量に含むものを、間食の時を利用して与えることも効果的である。肝油などの服用も、家庭におけるよりも幼稚園や保育所で与える方が一層正確に、且つ永続的に与えられるであろう。なお、偏食の子供は、家庭と協力して直すように努めたいものである。

疾病の予防と早期発見、省略

12　年中行事

幼児の情操を養い、保育に変化と潤いを与え、郷土的な気分を作ってやる上から、年中行事はできるだけ保育にとり入れることが必要である。

元来、わが国古来から行われている年中行事、ことに祭などは、子供が参加し、楽しむ行事になっている。たとえば、三月のひな祭、五月の端午の節句、七月のたなばたなどは子供を中心にしている。これをそのまま保育に取り入れて、ともに楽しみ合う気持を養うことができる。

年中行事には自然物がきわめて巧みに取り入れられている。たとえば、ももの節句、しょうぶの節句、月見の秋の七草、クリスマスツリーなど、生活を自然に結びつけさせる味があり、また人間の美しい気持を表現しているもの、または慈悲・博愛・感謝・報恩の人間的な美しい精神や社会的生活の楽しさを表わしているものが多い。たとえば母の日、彼岸会、国の記念日、祝祭日等、みなそれである。

これらの日にふさわしい催しをすることは、教育上有意義である。

園の行事としては、創立記念日、園児や先生の誕生日の会などを開くのもよい。

この機会をとらえて幼児に集会の作法を正しく教えたい。

七　家庭と幼稚園

1　父母と先生の会

子供たちは、家庭からきて家庭へ帰ってゆく。幼稚園にしても保育所にしても、いわば家庭の延長ということができる。家庭との密接な連絡と協力がなくては、幼稚園も保育所もその任務を全うし得るものではない。保育時間だけの保育法がどんなによく行われても、家庭生活との陥たりや食い違いがあっては、保育の効果はあがらないであろう。

家庭との関連を密にするには、幼稚園や保育所がひとりひとりの子供の家庭的環境をよく知ることが、最もたいせつである。この目的を果たすために「父母と先生との会」を常設することは、最も効果的であり、先生の保育心もまた、これによってよいしげきを受けることが少なくないであろう。

なお「父母と先生の会」を作るには、およそ、次のようなことを頭に入れておくべきである。

㈠「父母と先生の会」がしっかりでき上がるまでは、先生の用意周到な指導が必要である。しかしできる限り、父母の方で卒先してやることが望ましい。

㈡複雑な形式は必要でないが、会の運営に必要な程度の簡単な組織はある方がよい。

㈢会の組織は全く民主的で、行きすぎた先生の指導は避くべきである。親は先生の立場をよく理解し、先生は親の苦労を知ることが、何よりもたいせつなことである。

㈣会の活動は、もっぱら子供の教育のためである。保育法の共同研究、おりおりの講話、保育上の実際問題の話し合い、幼児の個性発展や個人差について語り合うことや、保育設備の充実、材料の補給、必要な場合には保護者どうしで助け合ったり、各幼児の調査に先生と協力することなどは、すべて、この会を通じて行われる。

㈤会合はなるべく定期的に開く方がよい。こうした会合は、先生と父母との親しみを深めるものである。なお、会合は常に簡素に、格式張らずに開きたいものである。

2 父母の教育

父母の教育は、子供をりっぱに育てるために必要なことである。適切な父母教育の計画をたてることは、幼稚園や保育所の任務の一つである。ことに忙しい母親の多い場合は、いっそう必要である。

方法としては、一般的な講演や講習などのほかに、普通の社会教育よりは、むしろ日々の保育の実際問題を採り上げてやった方がよい。

父母教育の内容は、日々の実際問題を主とし、むずかしい原理や抽象的な理屈は少なくする。問題としては、教育のことのみでなく、子供の健康や、家政のことや、衣食住のことや、日常生活のことを、詳しく学ぶことが望ましい。

父母を、もっと知的に向上せしめるのに役立つ、社会的、芸術的、学問的教養を与えれば、更に結構なことであろう。要するに、子供がよくなるとともに、父母もまた、よくなるような教育を与えることである。

こうした教育が、現在の子供の保護者のみでなく、広く近所の親たちにまで及ぶならば、幼稚園や保育所が、その町や村に存在する意義が一段と大きくなるであろう。

3 父母教育の指針

父母は、児童がどのような要求を持っているかを知らなければならない。そのためには次に述べるような点に注意する必要がある。

㈠、**家族的環境**

1. 家族の感情や態度は子供の人となりや、行動を決定するのに重要な役割を果たすものであること。

2. 幸服な円満な子供にするには、まず健康に育て上げること。

3. 子供は家庭の一員として仕事を分け合い、ともに楽しむこと。

4. 愛情・権利・責任感の必要、偏愛の害。

5. 父母の人がら、夫婦生活の児童への影響、働く母の問題。

㈡、**保育上の注意**

(イ)、子供の成長を考え、その段階にしたがって育てること。

1. 子供らしく、そしてその年齢における発育の程度に応じて育てること。

2. 子供の個人差を考慮すること。

3. 成熟の程度及びそれと保育との関係を知ること。成熟には時間を要するということを知るのが重要なことである。

4. それぞれの発達段階における子供の能力を知ること。新しい能力を使用する機会としげきを与えること。

(ロ)、子供の発達の速度に適合する指導をすること。

1. 基本的生活習慣は個々の児童に適すること。

2. 子供の成長を考慮に入れ、一家の生活に適応するように日課を考えて変えてゆくこと。

(ハ)、正しく育てるための感情の持ち方。

1. 子供は常に愛情を求めていることを念願におくこと。

2. 自分がのけ者にされていると思うときには子供は反抗的になったり、ひがんだりする。

(ニ)、食事の態度。

1. 子供の体質的に要求する栄養の差異を知り、適当な処置をとること。

2. 食事の習慣についておとながあまりこまごまと世話をしたり心を配り過ぎないこと。そうするとかえって悪い習慣がつくことを考えておくこと。

(ホ)、睡眠の態度。

1. すべての子供が同じ睡眠時間を必要とするものではない。めいめいに応じた睡眠時間をとらせるようにすること。

2. 快く睡眠をとるようにしてやること。床につくのは一般にいやがるものである。

(ヘ)、お手伝いの習慣。

1. 子供が自分で進んで協力したいと思うようにしむけること。
2. 感情に走ったり、あまり気をくばり過ぎないこと。あまり気を使い過ぎるとかえってしなくなる。
3. 健全な態度をとり、身体機能に関する用語は科学的であること。

(ト)、指をしゃぶる癖に対する健康上の注意。

1. 子供が指をしゃぶることは快を求める内面的な欲求の現われであることを理解しなければならない。
2. そのような満足を与えるためにほかの経験をさせる。たとえば手に握るおもちゃを与えるようにすれば直る。
3. はずかしめたり、しかったり、指に薬をぬったりしてこのような習慣を禁止することは危険である。子供がかえっていうことをきかなくなるといけないからである。

(三)、行為の原因

(イ)、幸福な満たされた生活をしている子供は、社会的に承認される行動をとる。

(ロ)、悪い行為の原因は、情緒的混乱と、子供の欲求が満たされないところにあること。

(ハ)、子供をでしゃばりにさせたり、あるいは、はにかみやにさせる原因は何か。

(ニ)、子供の不安や恐怖はどうして起り、また起ったときには、どうすればよいか。

(四)、しつけ

子供が社会的行動をとるように導く。両親が暖かい心持で子供を理解してやる態度をとるとき、はじめて、子供に自制力が出て来る。子供に安定感を与え、行動の規準を知らせるとともに、自分で思うようにやれるだけの自由を与えることはたいせつなことである。

(五)、責任感

おとなにたよらないで、自分のことをやるだけの独立心を養う。

いつまでも監督を受けたりせかされたりせずに、自分のことや他人のことを自からするようにする。幼少のころから他人にたよらずにすることは、大きくなってから独立できるもとである。

(六)、性に対する興味

(イ)、性について興味を持ったり、性に関する質問を発することは、幼児期にもあり、それはあたりまえのことである。

(ロ)、質問に対しては簡単に、しかも、わかりやすく答えてやる。

(ハ)、幼児の質問には、まじめに、正しい解答を与えて、子供がこの問題でぎもんのおきたときは、いつでも両親に質問するように、子供の信頼を得ておくこと。

(ニ)、幼児も年齢が進むにれて性に関する知識をいっそう求め、理解しようとする。

(七)、遊戯

(イ)、幼児の遊戯は「仕事」でもあり「学習」でもある。

(ロ)、子供の環境にあるものはなんでも遊び道具となる。

(ハ)、簡単な遊具が感覚器官を発達させ、協働動作の発達を助長する。

(ニ)、粘土・絵の具・積み木・おもちゃなどは、創作的遊びや模倣遊びのよい材料になる。

(ホ)、遊びにおける父母の役割はだいじである。

(ヘ)、遠足・絵本・お話・音楽・唱歌等は、子供の遊びの経験を豊富にする。

(八)、子供の社会的要求

(イ)、子供は自分と同年輩の友だちを求める。

(ロ)、グループ内で子供どうしが互に接触して遊ぶことはたいせつなことである。

(ハ)、集団生活の経験を与えるところに、幼稚園や保育所の価値がある。

(九)、保育についての社会全体の責任

(イ)、家庭でできないことを補う施設として、グループ遊び・保育所・児童相談所・保健施設等がある。

(ロ)、家庭と保育施設との協力、父母の教育がたいせつである。

(ハ)、保育に必要な社会施設を知ることが必要である。

(十)、子供を民主社会の一員として育てるには

(イ)、個人の基本的人権を尊重し、ひとりひとりが自分の能力を最高度に発揮し、権利をわかち合い、

責任をとり得るような機会を与えるようにすることがたいせつである。

(ロ)、他人の権利を認める。人種・宗教・経済的地位並びに文化的背景に関係なく、あらゆる種類の人間の価値を認めることが必要である。

(ハ)、あらゆるものを理解し、協力してゆく積極的な態度を助長することが必要である。

4 小学校との連絡

保育所や幼稚園の幼児たちは、その教育の効果をもって小学校に入学する。したがって、小学校とあらかじめよく連絡をとることも、また欠くことのできないことである。特に、低学年の先生と密接な連絡をとることが必要である。

連絡の事項、有効な連絡法をここに述べる余裕がないので、就学前の教育と、就学後の教育とは、ともに一貫した目的と方法とを持たなければならないことを書き添えるにとどめておく。

	保育・教育関係
	文部省「全国幼稚園ニ関スル調査」(幼稚園数等の調査)
	「幼稚園令」公布、「幼稚園令施行規則」制定
	日本初の月刊保育絵本「キンダーブック」創刊
	全国幼児教育研究大会・全国教育大会保育部会開催
	大学卒業者の就職難深刻化、文部省・社会教育局設置
	「家庭教育振興ニ関スル件」訓令
	公立学校職員の減俸実施、文部省・学生思想問題調査委員会設置
	國民精神文化研究所設置
	学校放送(幼稚園向けラジオ)開始、新編集の小学校国定教科書使用開始
	「非常災害ニ対スル教養ニ関スル件」訓令(防災意識の向上についての方針)
	「学校ニ於ケル宗教的情操ノ涵養ニ関スル件」通牒
	文相が一年に3回交代(政治体制の混乱のため)
	文部省編纂「国体の本義」全国配布、教育審議会設置
	勤労動員開始、教育審議会「國民学校、師範学校及幼稚園ニ関スル要綱」答申
	奈良女高師が戦没寡婦のため奈良特設幼稚園保姆養成所開設、青年学校義務制
	紀元2600年式典開催
	「國民学校令」公布、「学校防空緊急対策ニ関スル件」通達
	毎月8日を大詔奉戴日とすることを閣議決定
	「学徒戦時動員体制確立要綱」、「教育ニ関スル戦時非常措置方策」閣議決定
	「決戦非常措置要綱」、「一般疎開ノ促進ヲ図ル」閣議決定
	「決戦教育措置要綱」閣議決定、「戦時教育令」公布
	「米国教育使節団報告書」提出
	「教育基本法」「学校教育法」公布(幼稚園令廃止)
	文部省「保育要領――幼児教育の手びき――」刊行
	「私立学校法」公布
	「学校教育法施行規則」改正
	「児童憲章」制定

「保育要領―幼児教育の手びき―」発刊に至る社会の流れ

西暦	元号	社会のできごと
1925	大正14	「男子普通選挙制」成立、「治安維持法」制定
1926	大正15 昭和1	「工業労働者最低年齢法」施行(児童の就業禁止)
1927	2	山東出兵
1928	3	張作霖爆殺事件
1929	4	ブラック・サーズディ (世界恐慌の発端)
1930	5	昭和恐慌
1931	6	満州事変
1932	7	五・一五事件
1933	8	ヒットラー首相就任、日本は国際連盟脱退
1934	9	ヒットラー総統就任、「ワシントン海軍軍縮条約」破棄
1935	10	天皇機関説問題
1936	11	二・二六事件
1937	12	日中戦争(支那事変)、「日独伊三国防共協定」締結
1938	13	「国家総動員法」公布
1939	14	第二次世界大戦(1939～45)、「国民徴用令」公布
1940	15	「日独伊三国軍事同盟」締結
1941	16	「日ソ中立条約」締結、太平洋戦争始まる
1942	17	ミッドウェイ海戦
1943	18	米英中三国首脳によるカイロ会談
1944	19	本土空襲始まる、学童疎開始まる
1945	20	ヤルタ会談(2月)、ポツダム宣言受諾(8月)、国際連合発足
1946	21	「日本国憲法」公布
1947	22	六・三・三制実施、「児童福祉法」公布
1948	23	「児童福祉法」施行
1949	24	北大西洋条約機構(NATO)発足
1950	25	朝鮮戦争始まる、警察予備隊創設
1951	26	「サンフランシスコ平和条約」「日米安全保障条約」締結

参考文献

1. 井坂行男著『新しい小学校の教師』(The Teacher in the New Elementary School) 牧書店 1947年
2. 『倉橋惣三選集・第二巻』フレーベル館 1965年
3. 『倉橋惣三選集・第四巻』フレーベル館 1967年
4. ルソー著 小林善彦訳『言語起源論』現代思潮社 1970年
5. デューイ著 松野安男訳『民主主義と教育(上)』岩波文庫 1975年
6. 日本保育学会『日本幼児保育史・第六巻』フレーベル館 1975年
7. 文部省『幼稚園教育百年史』ひかりのくに 1979年
8. 荒井 洌著『新世代の保育をデザインする』筑摩書房 1988年
9. 『倉橋惣三選集・第五巻』フレーベル館 1996年
10. 海後宗臣・他著『教科書でみる近現代日本の教育』東京書籍 1999年
11. 荒井 洌著『園をみどりのオアシスへ――幼児保育における放牧の思想――』フレーベル館 2009年

エピローグ　保育は、人間論があってこそ

幼児保育のことをテーマに、東西の古典などをいろいろと読み込んだり、全国各地や北欧諸国のあちこちの園を歩き回ったり、ＮＰＯスタイルでの勉強会を立ち上げたり。気がついてみると半世紀の年月が過ぎていた。

そして、ふと思ったこと。そうだ、現在の日本の幼児保育のスタートに位置するあのことに対して敬意を表すべきだ！と思い立って書き始めたのが本書である。

加えて、自分は日本の極度の悲惨な状況、すなわち第二次世界大戦の残酷さをまともに体験した最後の世代であり、かつ戦後のデモクラシーをバックにした伸びやかな学校教育をしっかりと受けた世代でもあるので、自分の具体的な思い出を辿りながら執筆してみようと考えた。

拙い筆づかいの本書を読み通してくださった諸兄姉には、心からの御あいさつを申し上げる。これからの保育のありようを考えるうえでのよすがとしていただければ何よりである。

前作の『保育のロマン街道』に続いて、本原稿にも刊行の機会を与えてくださった、新読書社社長の伊集院郁夫氏には、重ねての御礼を申し上げる。

掲載された「写真」は、前作『保育のロマン街道』の北欧マップに引き続いて土橋公洋君、

「年表」は前作と同様に六本木　唯君の労による。保育の仕事にいそしみながらの両君による協力は、実にありがたく、感謝の至りである。

２０２０年　初夏

〔著者紹介〕

荒井　洌（あらい　きよし）

1939年　福島県郡山市生まれ

現　在　白鷗大学名誉教授

NPOほいくゼミナール・21

アカデミック・アドバイザー

〈著書〉

『保育のロマン街道』新読書社

『倉橋惣三　保育へのロマン』フレーベル館

『園をみどりのオアシスへ』フレーベル館

シリーズ・保育園生活のデザイン（全12巻）明治図書

『保育者のための50のキー・ワード』明治図書

『スウェーデン　水辺の館への旅』冨山房インターナショナル

『エレン・ケイ「児童の世紀」より　ことばの花びら』

冨山房インターナショナル

ほか

1948年・文部省

『保育要領—幼児教育の手びき—』を読む

2020年6月27日　初版1刷

著　者　荒　井　　洌

発行者　伊集院　郁　夫

発行所　㈱新読書社

東京都文京区本郷5－30－20

電話　03－3814－6791

組　㈱ステーションエス　印刷　製本　日本ハイコム㈱

ISBN978-4-7880-2152-5 C0037

●新読書社の本（価格表示は税別）

昭和戦中期の保育問題研究会～保育者と研究者の共同研究の軌跡
松本園子著　二〇〇四年度日本保育学会文献賞受賞
二〇〇五年度日本幼児教育学会「庄司雅子」賞受賞
A5判上製　七六〇頁　本体九二〇〇円

手技の歴史～フレーベルの「恩物」と「作業」の受容とその後の理論的、実践的展開
清原みさ子著　二〇一五年度日本保育学会文献賞受賞
A5判上製　四八六頁　本体七〇〇〇円

日本における保育園の誕生～子どもたちの貧困に挑んだ人びと
宍戸健夫著　二〇一六年度日本保育学会文献賞受賞
A5判並製　三七八頁　本体三二〇〇円

日本における保育カリキュラムと歴史と課題
宍戸健夫著
A5判並製　三〇二頁　本体二七〇〇円

新版　根を育てる思想～子どもが人間として生きゆくために
久保田浩著　幼年教育研究所　編集協力
A5判並製　二八〇頁　本体一八〇〇円

保育のロマン街道
荒井洌著
新書判上製　二五三頁　本体一二〇〇円